김농주 지음

연봉 10억 만들기

가림출판사

높은 연봉으로 항해하기는 전략이다. 한 개인이 이 세상에서 성공하기 위한 전략이다.

같은 능력으로 일을 시작해도 연봉을 더 많이 받는 사람이 있다. 전략을 바탕으로 일하고 자기만의 전략으로 연봉 협상을 해온 결과이다. 인생에서 자기를 제대로 발전시켜 가기란 생각보다 쉽지 않다. 특히 자신을 고액 연봉자로 성장시키는 일은 생각보다 쉽지 않다.

하지만 해야만 한다. 열심히 일하고 연봉을 많이 받는 것은 당연한 일이다. 하지만 다양한 업종, 직종이 혼재된 세상에서 높은 연봉을 받기란 그렇게 쉬운 일이 아니다. 그러므로 높은 연봉을 받기 위해서는 현명한 지혜가 필요하다.

이 책은 여러분에게 현명한 지혜의 길과 전략을 제시할 것이다.

자신을 믿어라. 자신을 믿은 후 전략적으로 연봉 협상을 하라. 그러다 보면 여러분은 고액 연봉자의 길을 발견하게 될 것이다.

고액 연봉자의 특징을 분석하고, 높은 연봉을 받기 위해서 여러분이 해야 할 일들을 기술해보라. 그리고 의욕을 갖고 고액 연봉자로 자기를 인도하겠다고 결심하라. 높은 연봉을 받고자 하는 의지는 이 문제에서 시작될 수 있다. 여러분이 어떻게 하는가에 따라 높은 연봉이 내 것이 될 수도 있고 남의 것이 될 수도 있다.

자기 분야에서 대가가 되기 위해서는 능력과 인품을 다듬어 가라. 하루아침에 높은 연봉을 받기는 어렵다. 그러나 높은 연봉으로 가는 길이 있음을 알고, 그 길을 비추어라. 정당하게 땀 흘려라. 그러면 내가 받는 높은 연봉은 자랑스런 것이다. 일터에서 자기의 발전을 위해서도 높은 연봉을 향한 야심을 가져라. 건전한 야심은 개인의 역량을 극대화시킨다.

여러분의 역량을 극대화시킬 수 있도록 노력하라.

끝으로 이 책이 나올 수 있도록 수고해주신 여러분들께 감사를 드린다.

2003년 12월

김 농 주

03 CHAPTER

연봉 협상 테크닉을 발휘하라

04 CHAPTER

연봉 인상을 위한 방법은 이런 것이다

05 CHAPTER

고액 연봉에 대한 꿈을 가져라

an Annual Salary

국내외 고액 연봉자 분석을 시작하라

an Annual Salary

"연봉을 얼마나 받고 싶습니까?" 회사 경영자가 물었다.

"저는 회사에서 주시는 대로 받고 싶습니다." 경력 사원 모집에 응시한 A가 대답했다.

과연 성공적인 답변이었을까? 아니다. 경영자는 응시자가 패기 없고 의욕이 부족한 사람이라고 평가했다. 회사가 주는 대로 받겠다. 이 얼마나 소극적인 태도인가? 패기가 없다. 하루하루 물가는 치솟는데 어떻게 인생에서 자기 책임을 다하려 하는가? 그렇다면 일도 주어진 것만 하려 할 것이 아닌가?

연봉에서 범(凡)생은 이제 필요 없다. 만약 당신이 경영자라면 이런 태도를 보이는 사람을 채용하고 싶은가?

A는 합격자 명단에 들지 못했다. 그러나 다음 순서로 인터뷰한 B는 합격자 명단에 들어 있었다.

A와 똑같은 질문에 B는 이렇게 답변했다. "저는 전 직장에서 연봉 5,000만 원을 받았습니다. 새 일터에서는 저의 섭외력, 기획력에 근거해서 연봉 6,000만 원을 희망합니다. 제가 마케팅 분야에서 8년 동안 일한 자료와 성취결과가 여기 있습니다."

높은 연봉에 대한 야심을 가져라. 높은 연봉에 대한 도전 의지를 가져라. 이런 도전 의지를 가진 사람을 경영자들은 눈여겨본다. 일에 대한 의지, 성취에 대한 의욕을 강하게 가진 존재로 본다. 경영자들은 용장을 채용하려 한다. 특히 경제 불황기에는 더욱 용장(勇壯)을 원한다.

하이 샐러리 포비어를 극복하라

> **사람의 일반적인 심리 중에는 높은 보수에 대해 두려워하는 심리가 있다.**

높은 연봉에 대한 두려움을 가지고 있는가? 있다면 그 두려움을 먼저 극복하라. 높은 연봉에 대한 두려움을 '하이 샐러리 포비어(High salary phobia)'라고 한다. 이것이 고액 연봉자가 되기 위한 첫 번째 전략이다.

높은 연봉을 추구하라. 두려워하지 말라. 두려움 없이 항해하라. 연봉은 노력한 만큼 올라간다. 연봉이 높아지는 것을 두려워하지 말라. 능력에 맞게 자신의 연봉을 높이는 것을 두려워하지 말라. 일한다는 것은 자선하는 것과 다르다. 자신의 노후, 가족들의 노후, 성장을 생각하라. 당신이 벌 수 있을 때 벌어 두어라. 당신이 적게 번다고 아무도 동정하지 않는다. 자기 연봉을 확실히 챙기지 않은 사람을 표창하는 기관은 이 세상에 어디에도 없다. 자기 연봉은 자기가 챙겨야 한다. 연봉을 욕심부리지 않고 무슨 욕심을 부릴 것인가? 지위욕, 그것은 시간이 지나고 나면 별로 대단한 것이 아니다. 뒤에 남는 것은 당신이 축적한 재화와 가치이다. 재물을 경시하지 말라. 나이가 들면 자신에게 자연적으로 찾아올 질병을 치료하면서 품위 있게 자신과 배우자의 노년을 보낼 준비가 되어 있는가? 자녀들이 독립하거나 가정을 꾸리는데 부모로서 어느 정도 협력할 준비가 되어 있는가?

자선을 요청하는 기관 또는 개인에게 적절하게 기부하면서 품위를 유지할 재력을 만들고 싶은 의지는 없는가?

연봉에 대한 욕심을 무조건 부리라는 것이 아니다. 적어도 임금 노동을 하는 동안은 높은 연봉을 추구하라는 말이다. 그것이 자본주의 사회에서 품위를 유지하면서 살아가는 지혜이다. 정당하게 벌 기회에 제대로 못 벌면 나이 들면서 주위의 괄시를 받게 된다. 잠자는 자기 인생을 깨워라. '높은 연봉에 대한 공포심' 같은 하이 샐러리 포비어를 물리쳐라. 이것이 자기를 성공으로 이끌 것이다.

이런 심리를 극복하면 높은 연봉으로 항해할 바닷길이 열린다. 그리고 항해술을 탐구할 수 있다.

닻을 올려라.

고액 연봉으로 항해를 시작하라.

요르마 올릴라는 이런 심리를 극복하고 항해한 사람이다.

요르마 올릴라는 2003년 최고의 연봉을 받는 경영자군에 속해 있는 사람이다.

노키아라는 회사가 있다. 이 회사는 통신 분야의 회사이다. 이 회사를 이끌어 가는 사람이 바로 요르마 올릴라이다. 노키아는 그에게 1,560만 달러를 지급한다. 그렇다면 2위는 누구인가? 경영자 중에서 두 번째로 많은 연봉을 받는 사람은 투자회사 스위스 UBS의 경영자인 페테르 우플리이다. 그는 980만 달러를 받는다.

여기에서 이들의 연봉 구성을 정확히 알아보자. 기본급, 연 보너스, 복리후생비, 스톡옵션 행사수익, 스톡옵션이 연봉을 구성한다.

1900년도로 거슬러 올라가 보자. 당시 미국에는 자본주의가 본격적으로 꽃 피우지 못하고 있었다. 당시 백만장자가 얼마나 존재했을까? 미국 땅에만 5000명이 있었다.

100여 년이 지난 2000년에는 미국에 백만장자의 수가 얼마나 되는가? 어림잡아 500만 명이 넘는다. 1000배 이상이 증가했다.

당신은 백만장자가 되고 싶지 않은가? 연봉으로 백만장자가 되고 싶은 마음이 있는가?

세상에는 조어들이 많이 생성된다. 조어가 생성된 후 다시 새로운 조어에 압도되고는 한다. 한때 꽃미남이란 말이 유행했다. 2002년 한일 월드컵이 한창이던 시절에 이런 말이 유행했다.

데이비드 베컴이란 영국 선수에게 이런 말이 회자되고 있다.

잘생긴 남자를 꽃미남이라고 한다. 하지만 이 말은 2003년에 얼짱이란 말에 압도된다. 얼굴이 짱이란 말을 얼짱이라고 한다. 얼짱이 얼굴이 잘생겼다는 말로 활용된 것은 최근의 일이다. 연봉을 높게 받으려면 얼짱으로 성형을 해야 한다는 말이 회자되고는 한다. 이제는 연봉에도 개인의 생김새가 영향을 준다는 뜻인가? 우리나라의 안정환 선수는 얼짱이다. 모델로도 손색이 없을 정도이다. 얼짱은 아무나 할 수 있는 것이 아니다. 타고난 것이다.

얼짱을 향해서 사람들은 나아가려고 한다. 그 결과 성형외과가 호황을 누리고 있다. 얼짱을 향한 행진이 계속되고 있는 것이다. 얼짱이 되어야 연봉을 더 받을 수 있느냐 하면 반드시 그렇지만은 않다.

탁월성으로 고액 연봉자가 될 수 있다.

그 대표적인 예로 서태석 씨를 들 수 있다. 그는 고액 연봉을 향해서 항해를 한 사람이다. 자기의 전문성을 기르는 것으로 이런 항해를 성공적으로 한 사람이다.

서태석 씨는 은행의 부장으로 재직하면서 연봉 1억 원을 받는다. 외환은행이 그의 직장이다. 그는 정년 이후에도 일하고 있다. 위폐 감별사라는 경쟁력이 그를 이렇게 고액 연봉자로 만든 것이다. 그는 31개국의 화폐를 감별해 낸다. 정말로 대단한 감별 능력을 지닌 사람이다.

하루에 그가 감별하는 화폐는 10,000장이 넘는다. 서태석 씨는 38년 동안 이 일을 해오고 있다. 그는 미군 부대의 어느 장교로부터 위폐 감별법을 배웠다. 그리고 1969년도에 연봉 13만 원을 받는 임시직으로 외환은행에 들어갔다. 그리고 피나는 노력 끝에 1973년에 정식 직원이 되었다. 이것은 그의 전문성의 결과물이었다. 한눈을 팔지 않고 한 분야만 충실하게 하여 고액 연봉자가 된 경우이다.

전문성이 고액 연봉을 전적으로 보장해 준다는 말은 아니다. 그것도 일정한 시스템에 들어가야 한다. 전문성이 있어도 일정한 시스템에 진입하지 못하면 고액 연봉을 받기는 어렵다.

서태석 씨는 끊임없이 자신의 전문성을 갈고 다듬기 위한 경쟁을 스스로 해왔고, 목표를 세우고 노력했다. 미군 부대에서 근무하면서 외국어를 배우고 자기 연마를 했다.

서태석 씨, 데이비드 베컴 등이 바로 하이 샐러리 포비어를 극복한 사람들이다.

하이 샐러리 포비어를 극복하지 않고서는 고액 연봉자가 될 수 없다.

an Annual Salary

고수익 업태를 일부러 기웃거려라

▌ 찾으라. 찾는 곳에 길이 있다. 구하라. 그러면 구해진다.

일부러 구하라. 그리고 의도하라. 연봉으로 재화를 구축하기를 의도하라. 이것은 이기적인 행동이 아니다. 이제는 필수적인 일이다. 여러분이 현대사회에서 성공하려면 높은 연봉을 향한 항해술을 발휘하기 전에 의도적으로 높은 연봉으로 가는 것이 현명하다.

동중국해라는 바다를 보자. 여기는 우리나라의 서해안과 중국의 서해가 만나는 지점의 바다이다. 이곳에서는 고기가 잘 잡힌다. 그래서 어부들은 일부러 이곳까지 항해를 한다. 동중국해에서 어로작업을 해야만 만선의 가능성이 높기 때문에 일부러 동중국해를 찾는 것이다.

고액 연봉으로 항해하는 것도 마찬가지다. 낮은 연봉을 지급하는 업태로 진출하면 고액 연봉자가 되기는 힘들다. 어부들이 동중국해에서 어로작업을 해야 만선을 하듯이 고액 연봉 업태로 진출해야 높은 연봉을 받을 수 있다.

그러기 위해서는 고수익 업태를 일부러 기웃거려라.

업태에 의해서 연봉 시스템이 달라진다. 고액 연봉으로 가려면 업태 분석을 해서 고액 연봉 산업으로 발을 잘 들여놔야 한다.

그래야 고액 연봉자로 갈 수 있다. 아무리 열심히 일해도 연봉을 높게 받을 수 없는 업태가 있다. 프로듀서를 예로 들 수 있다.

방송국에서 일하는 프로듀서의 경우 2년차가 3,000만 원이 넘는 연봉을 받는다. 하지만 프로덕션의 프로듀서는 같은 연차에서 받는 연봉이 1,400만 원 정도 수준이다. 이렇게 놓고 볼 때 방송국에서 일해야 더 높은 보수를 받는다.

같은 수준의 프로그램을 제작해도 업태에 의해서 연봉 수준이 달라진다. 이 점을 항상 생각해야 한다. 이런 연봉 시스템의 탐구를 하라. 부모의 도움 없이 자기가 번 돈만으로 자립하려면 더더욱 연봉 시스템을 봐야 한다. 여기서의 키워드는 '업태(業態)'이다. 일하게 되는 분야의 컨텐츠가 갖는 고유한 업무 행태를 보라는 것이다. 업태에 의해서 연봉은 달라진다.

롯데 레몬을 보라. 이 회사의 업태는 21세기형 업태이다. 슈퍼 슈퍼마켓(super supermarket)이다. 그렇다면 이런 곳의 바이어는 고액 연봉을 받을 수 있을까? 반드시 그렇지는 않다. 그렇지만 슈퍼 슈퍼마켓 경영자는 고수익을 올릴 수 있다.

컨설팅업계에도 고액 연봉자가 많다. 이 점을 생각해서 업태를 잘 선택하라.

고액 연봉자는 시대에 따라 달라진다. 온라인 게임업태가 앞으로 고액 연봉자를 양산하게 될지도 모른다. 바로 10년 전만 해도 이런 상황은 생각하기 어려웠다.

시대 흐름의 변화를 읽어라. 업태 흐름을 평가하면서 고액의 연봉을 보장하는 업태로 방향을 수정하라. 그리고 목표를 세우고 계획을 세워라.

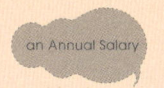

즐겁게 일하라

즐겁게 일하지 못하면서 고액 연봉을 바라는 것은 도둑 심보다. 도둑 심보를 갖지 말라. 도둑 심보는 고액 연봉이라는 목표를 향해 항해를 시작하려는 사람이 버려야 할 마음이다.

고액 연봉자가 되고 싶다면 즐겁게 일할 곳을 찾아라. 즐겁게 일하지 못할 곳이지만 남들이 높은 연봉을 받는다는 소문을 듣고 그곳을 자신의 항해지로 선택해서는 안 된다. 그런 곳에 가봐야 자신의 능력과 꿈을 펼칠 수 없다.

고액 연봉자는 돈을 따라다니지 않는다. 돈이 자기를 따라오게 해야 한다는 우리나라 속담에 충실한 사람이다.

자기 역량으로 인하여, 즐겁게 일하는 자아로 인하여 경영자가 높은 연봉을 주지 않고는 배겨 낼 수 없게 만드는 것이다. 고액 연봉자는 이렇게 만들어진다.

"제발 우리 회사에서 반도체 비메모리를 연구해 주세요. 연봉은 원하시는 대로 협상할 용의가 있습니다." 이런 제의를 받을 수 있게 노력하라. 문제는 즐겁게 일하는 태도와 여기서 나오는 탁월한 역량이다. 이 점을 생각하라. 고액 연봉자는 회사 내에서 5% 안에 드는 인력이다. 이 사람들은 신이 나게 일한다. 즐겁게 일하니 남들이 보기에 들떠서 일하는 사람으로 보인다. 높은 연봉을 받고 일해서 즐거운 것이 아니다. 즐겁게 일해서 고액 연봉자가 된 것이다.

고액 연봉자가 되려면 즐겁게 일하라. 즐겁게 일하면 연봉이 올라간다. 즐겁게 일하는 것은 쉬운 일이 아니다. 마음에서 우러나오는 자세로 일하라.

물랑루즈라는 곳이 있다. 저녁식사를 하면서 두 시간의 공연을 볼 수 있는 곳이다. 이 곳의 하루 저녁 식대는 20만 원이다.

공연은 50여 명의 무희들의 춤으로 시작된다. 무희들은 동유럽의 무용학과를 졸업한 인재들이다. 1889년에 생긴 물랑루즈는 그 역사성만큼이나 자기혁신을 해와 110여 년 이상 사람들의 사랑을 받고 있다. 물랑루즈는 자기 변신을 끊임없이 해 프로그램을 시대에 맞게 변화시킨다. 이 곳의 경영자도 고액의 연봉을 받는 고액 연봉자이다. 그만큼 변신을 하는데 노력을 한다. 그렇다고 모두를 바꾸지는 않는다. 캉캉 춤 같은 것은 오랜 역사를 자랑할 수 있는 프로그램이다.

하루 저녁에 800명의 식사가 준비된다. 저녁식사를 하면서 사람들은 쇼나 코미디를 즐긴다. 이 곳에서 공연하는 출연자가 되면 사람들에게 품격을 인정받는 계기가 된다. 사람들은 프랑스를 여행하는 일정을 짤 때에 이곳에서의 관람을 위주로 할 정도다. 우리나라에서도 이와 같은 곳을 운영하는 사람은 고액 연봉자이다. 이들은 쇼, 코미디, 춤으로 사람들을 즐겁게 해준다.

여러분의 미래를 생각하라. 고액 연봉을 받고 싶은가, 저액 연봉을 받고 싶은가. 고액 연봉을 받고 싶다면 즐겁게 일하라. 즐겁게 일하면 에너지의 파워가 커진다. 그 결과 업적이 올라간다. 이것은 이익을 증대시키는 원천으로 작용한다.

하이브리드 기획을 하라

우리가 즐겨 먹는 음식 중에 섞어찌개란 음식이 있다. 여러 가지의 재료를 한꺼번에 넣고 끓여서 찌개를 만들면 굉장히 맛이 있다. 재료를 섞는 데서 오는 맛 때문이다. 섞는 것을 경제적 관점에서 하이브리드 한다고 한다. 기획을 하라. 생각, 아이디어, 지식, 정보, 소비자의 취향, 기술을 섞어서 기획하라. 그러면 그 효과는 몇 백 배로 커질 수 있다. 이렇게 일하면 고액 연봉자가 되는 것은 시간 문제이다.

하이브리드(hybrid)란 무엇을 말하는가? 하이브리드는 그 자체로 여러 이질적인 요소가 결합된 것을 의미한다.

다양한 능력을 갖추어라. 한 가지 능력으로는 고액 연봉자가 되기 어렵다.

이질적인 것이 결합되어 하나의 일을 이루면 바로 하이브리드 직업이 된다. 재즈 아티스트는 바로 하이브리드 직업이다. 이런 직업은 청음, 시창, 작곡, 보컬, 연주 구조를 알아야 할 수 있는 직업이다. 이런 직업에서 고액 연봉자들이 파생된다.

파이낸셜 부티크(financial boutique) 경영자는 연봉이 어느 정도일까? 연봉은 업적에 따라서 달라진다. 업적에 따라서 저액 연봉인지

고액 연봉인지가 정해진다. 금융시장의 동향에 의해서 수입이 달라진다. 하지만 지속적으로 고액 연봉을 받는 하이브리드 직업 한 가지를 더 알아보자.

바로 투자은행에서의 인수 합병 전문가인 Investment Banking - Mergers & Acquisitions이다. 이 분야의 전문가는 하루아침에 될 수 있는 전문가가 아니다.

하이브리드 직업에서 고액 연봉자가 파생할 가능성이 높다.

제조업과 편의점이 통합될 것이다. 그렇지 않으면 전략적 제휴를 해 갈 것이다. 전자산업, 장난감 등의 제조회사가 편의점과 제휴할 것이다. 이런 흐름 속에서 편의점의 마스터는 고액 연봉자가 될 수 있다.

하이브리드 능력을 갖추어라. 그러면 고액 연봉으로 가는 길이 열린다. 날씨 정보, 시장 정보, 경쟁사 관련 정보, 서비스 정보, 자금 정보를 통합하라. 그리고 고액 연봉으로 가기 위해 계속 노력하라.

무명시절을 잘 견디어라

항해는 외로운 싸움이다. 망망 대해를 보면서 가야 한다. 무명시절을 견디어 가는데 힘을 소진하는 것과 같다. 하지만 이 시기를 지나면 언젠가는 원하는 목표에 이를 수 있다.

마이클 잭슨은 고액 연봉자이다. 오늘날의 그가 있기까지는 하루 아침에 된 것이 아니다. 길고 긴 무명시절을 견디어야 했다. 그러면서 가창력, 팬들에 대한 흡인력을 준비했다.

무명시절을 이겨내어야 고액 연봉을 향해 계속 나아갈 수 있다. 무명시절을 이겨내려면 굳은 결심이 있어야 한다.

연봉은 한 개인이 오랜 시간에 걸쳐서 준비를 한 후의 달성된 능력의 일정한 표징(表徵)이다.

무명시절을 잘 견디려면 연봉에 대한 오류를 고쳐야 한다.

사람들은 연예인들이 많은 돈을 번다고 생각하기 쉽다. 그렇지만 30년간 조연에만 머물다 지금은 높은 연봉자가 된 H씨의 경우는 다르다.

"저는 주연을 한 번도 못 해봤습니다. 단역 배우로 가끔씩 출연하다가 몇 년간 조역으로 연기를 했습니다. 저에게 주어지는 보수는 정말 쥐꼬리만큼 이었습니다. 광고 섭외를 받아본 적도 없었습니다. 매니저요? 저는 그냥 혼자서 연기를 했습니다. 제가 뭘 먹고 지냈겠습니까? 말도 마이소. 저는 결국 부업을 했습니다. 밥집으로 겨우 먹고 지냈지요. 탤런트라는 이름으로 영등포에 밥집을 열고 그것으로 겨우 밥 먹고 지냈답니다. 연예인 하면 고액 연봉자로 생각하는데 그것은 1%의 연예인에게 해당하는 이야기이지요."

연예인 중에서 고액의 출연료를 받는 사람들은 무명시절을 잘 견디고 성공한 사람들이다. 무명시절을 인내와 노력으로 보낸 후에야 높은 연봉을 받을 수 있는 기회가 온다.

세상에는 연봉에 대한 잘못된 소문이 많다. 그리고 이런 소문을 잘못 신뢰하여 회사를 선택하는 경우들이 많다. 물론 높은 연봉만이 인간의 가치를 향상시키는 것은 아니다. 낮은 연봉으로도 얼마든지 가치 있는 일을 할 수 있다. 하지만 빈곤과 폭력, 억압은 평화를 유지하는데 방해가 된다는 점을 생각해야 한다. 사람은 생활을 유지할 정도의 연봉을 언제나 필요로 한다. 그럼에도 불구하고 연봉에 대한 잘못된 정보가 떠돌고 있다.

연봉을 올리기 위해서는 다양한 시장에 접근할 수 있는 역량을 함양해야 한다. 물론 경쟁자들도 생겨난다. 직업 시장 내부의 경쟁자들이 항상 존재한다. 그러므로 경쟁자들이 모방하기 어려운 역량을 기르는 일에 초점을 두고 일해야 한다. 이러한 역량은 하루 이틀 사이에 이루어지는 것이 아니다. 역량을 극대화시켜서 자아를 만들어야 한다. 경쟁자를 의식해서 자기 역량을 만들어 가야 한다.

an Annual Salary

허영을 버려라

> **허영 · 허세를 버려야 한다. 자신이 정치인 누구와 잘 아는 사이라고 허세를 부려서는 안 된다. 허세를 버리고 세상을 직시하라.**

고액 연봉자로 가는 길은 가슴 설레는 길이다. 가슴 설레기를 두려워하지 말라. 하지만 노력 없이도 고액 연봉자가 될 수 있을 것이라고 생각하지 말라.

고액 연봉자가 되기 위해서는 허영심을 버려야 한다. 허영심을 버려야 직무에 최선을 다할 수 있다. 허영심을 버리고 연봉의 새로운 흐름을 보라. 연봉의 변화를 있는 그대로 보고 전략을 짜라.

1993년, 문민정부가 출발했다. 이 당시 연봉을 알아보자. 다음은 한국노동연구원의 자료이다.

당시 2,350만 원 이상 연봉자의 일자리는 156만 9000개이다. 산업이 발전해 2002년에는 이 연봉의 일자리가 224만 3000개이다. 여기에는 물가 상승도 한 요인이 된다. 그러나 많이 증가한다. 무려 42.9%나 증가한다.

하지만 여기에만 국한해서 이 통계를 보지 말자. 연봉 1,100만 원 이하의 일자리도 증가한다. 1993년도 기준 508만 9000개였던 것이 2002년에는 627만 7000개로 늘어난다. 하위 연봉직업도 늘어난다. 연봉 격차는 더 벌어질 것이다.

이것은 연봉에서의 격차가 심해지는 흐름을 말한다.

연봉으로 10억 원을 모으고자 한다면 허영을 버리고 노력을 하라. 정당하게 흘린 땀으로 10억 원을 모을 수 있다는 희망을 자기 것으로 만들어라.

저축을 하라

저축을 해서 종자돈을 모아야 한다. 종자돈 없이 10억 원을 모으기는 어렵다. 허영을 버리고 진실한 태도로 노력하라. 종자돈을 모으는 기간 동안은 가능한 한 지출을 삼가라.

종자돈을 투자하라

투자하려면 공부를 해야 한다. 공부하지 않고 투자하는 일은 가는 길을 묻지 않고 운행하는 것과 같다. 공부하되 돈의 흐름, 돈이 더 불어나는 현장을 돌아보라. 돈을 투자해서 손해를 보는 경우도 공부하라. 아울러 투자를 잘해서 돈을 불린 경우도 공부하라. 자기의 돈에 대한 생각을 다양하게 가져라. 이것은 이론이 아니다. 공부하지 않고서 연봉만으로 10억 원을 모으기가 어렵다는 점을 인정하라.

허영심만으로 고액 연봉자가 되기란 더더욱 어렵다. 다양한 퍼포먼스를 해 가라. 결국에는 자기 직업 영역에서 고액 연봉자로 성장할 수 있다.

하지만 허영심은 갖지 마라. 허영심을 가질 만큼 돈을 모으기가 쉽지는 않다. 단계를 밟아야 한다. 단계를 밟아서 돈을 모아 가라. 이러한 과정을 거치다보면 결국에는 이런 노력이 모아져 수많은 단계를 넘어서서 돈을 모을 시기가 온다. 그 때를 준비하라. 기다리면서 준비하라.

평등주의 함정론의 한계도 볼 수 있어야 한다.

영화 〈반지의 제왕〉을 보라. 이 영화는 장면 연출이 섬세하다. 들에 핀 야생화의 영상을 미세하게 보여주는데 성공했다. 이런 영상 기술을 갖추기까지는 DVD 기술 엔지니어의 단계를 거치는 연구 결과가 있었기에 가능했던 것이다. 이들은 이런 기술로 고소득의 직업인이 된다.

허영을 버려야만 한다. 세상에 종자돈 만들기를 소홀히 하고 10억 원을 모으기는 힘들다. 일단 10억 원을 모으면 더욱더 고액 연봉으로 가는데 힘을 얻을 수 있다. 다시 말해서 자신의 능력을 키우거나, 기업 경영자의 인맥과 사교 범위를 넓혀 갈 수 있다

소비자와 친해져야 한다

소비자는 당신의 연봉에 영향을 미치는 요소이다. 이 말은 과장이 아니다. 소비자를 모르는 사람은 고액 연봉자가 되기 어렵다. 소비자를 잘 알고 대응해갈 능력을 갖추었을 때 높은 연봉을 받을 수 있다.

기업에서 경영자로 성장하면 고액 연봉자가 된다. 경영자가 되려면 세일즈를 시작하라. 이것은 소비자를 아는 길과 통한다. 소비자를 가까이 두어라. 이것은 당신이 고액 연봉자가 되기 위한 전략이 된다. 소비자를 연구하고 느껴라.

소비자와 밀착하라(close to customer), 이것이 고액 연봉을 받게 되는 비결이다.

고액 연봉으로 가는 과정이 성공하기 위해서는 어떤 회사를 선택할 것인가를 신중하게 고려해야 한다. 소비자와 가까이 할 수 있는 직무에서 시작해야 고액 연봉자가 될 수 있다. 소비자와 멀어지는 직무에서 시작하면 겉은 화려해도 장점이 별로 많지 않다.

연봉으로 10억 원을 모으려면 이런 컨셉이 더욱더 가치가 크다. 온라인 증권회사 찰스 스왑에서 고액의 연봉을 받는 사람들이 이 경우에 해당한다.

찰스 스왑의 직원들이 백만장자가 된 것은 주가가 한창 높았던

1990년대 일이었다. 찰스 스왑은 직원들에게 스톡옵션을 주었다. 그것이 백만장자가 되는데 기초가 되었다.

삼성전자에서 일하는 이사들의 연봉은 52억 원이다. 이 금액은 2003년도 연봉이므로 다소 변동이 있을 수 있다.

이사들의 연봉은 높다. 그렇지만 이사들은 회사의 경영 실적에 따라서 연봉이 달라지는 위치에 있다.

연봉 체계를 말할 때에는 항상 스톡옵션을 같이 생각해야 한다.

엘프는 프랑스의 석유재벌이다. 이 회사는 화학 관련 회사를 몇 개 경영하고 있다. 그 가운데 하나가 사노피신데라보라는 제약 회사이다.

이 회사의 한국에서의 연간 매출액은 이미 800억 원을 넘어서고 있다. 이 회사는 수년 전에 한국 지사의 직원들에게 엘프 사의 주식을 구입할 수 있는 기회를 주었다. 이 때 주식을 산 한국 지사의 직원들은 많은 수익을 올렸다. 그 동안 엘프 사의 주식 가치가 오른 것이다.

찰스 스왑, 사노피신데라보에서 일하는 사람 중에 고액 연봉자는 바로 소비자와 밀접한 분야에서 직무를 시작한 사람들이다.

소비자와 친해져라. 그러면 당신은 높은 연봉을 향해 계속 나아갈 수 있다.

an Annual Salary

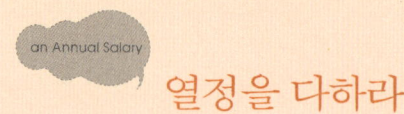

열정을 다하라

　여러 부류의 사람들이 모인 곳이 직장이다. 열정을 다해서 사람을 사귀어라. 사람을 잘 사귀는 열정을 발휘하라. 이것이 높은 연봉으로 가는 길이다. 열정을 다해 일을 하면 높은 연봉 제의를 받게 된다.

　고액 연봉자를 유심히 살펴보면 한 가지 흥미 있는 현상이 존재한다.

　열정을 가지고 일한다는 점이다. 자기의 열정을 일에 투자하는 개인은 성장한다. 그리고 고액 연봉자의 반열에 오르게 된다.

　(주) 한화에서는 정액의 연봉제도를 시행하고 있다. 그렇다고 이것만으로 이 회사의 연봉이 구성되어 있는 것은 아니다. 연말에 목표치를 초과 달성하면 일정한 성과급이 주어진다. 이 회사에서는 화약류 제조 기사 자격증을 가진 사람을 우대하는 경향이 있다. 화약류 관리기사 자격증을 가진 사람도 연봉 협상에서 다소 유리한 위치에 설 수 있다. 이들 자격증이 있고 역량이 탁월하면 연봉금액은 달라질 수도 있다.

　이 회사에서는 사람을 채용하는 데 있어서 그 사람의 열정을 본다. 열정이 인재 채용에서 중요한 평가 요소로 작용하고 있다.

　이러한 평가 제도는 직원들의 열의를 고양시키는 원동력으로 작용한다.

　열정을 다하면 당신은 고액 연봉자가 될 수 있다.

an Annual Salary

핵심 이슈를 선점하라

▌직위와 연봉이 정비례하지는 않는다.

이슈를 선점하는 사람이 회사가 원하는 중요한 인력이 된다. 회사
내의 중요도가 높아질수록 고액 연봉자로 성공할 수 있다.

직위가 높아도 직원보다 연봉이 낮은 경우가 있다.

직원의 회사에 대한 기여도가 크다면 당연히 그 직원이 대표이사
보다 더 많은 연봉을 받을 수가 있다. 이것은 자본주의가 지닌 아이
러니이자 자본주의에 충실한 현상 중의 하나이다.

유럽에 뮌헨재보험이란 회사가 있다.

이 회사의 CEO인 한스 위르겐 쉰즐러는 경영자는 고액 연봉을 지
향한다는 생각을 가진 사람이다. 그는 자기 회사의 비즈니스 이슈를
선점할 줄 아는 사람이다.

이 회사에는 고액 연봉자들이 많은데 이들은 비즈니스 이슈를 선
점하는 사람들이다. 영업력에 의해서 연봉이 결정되는 파트가 존재
하기 때문에 그렇다. 그래서 자기 회사의 CEO보다 더 높은 연봉을
받는 직원도 있다.

정치 컨설턴트인 딕 모리스는 미국 정계에서 보물 대접을 받고 있다. 그는 이슈를 선점해서 상대를 제압하는 전략을 갖고 있다. 그의 수입은 공식적으로 알려지지 않고 있다. 하지만 딕 모리스의 자문을 받으려는 정치인은 고액의 컨설팅 비용을 부담해야 할 것이다.

상대의 이슈를 내 방식대로 선점, 해결함으로써 상대 후보를 선거에서 제압해버리는 전략이 딕 모리스가 벌어들이는 수입의 핵심 컨텐츠이다.

다른 정치참모가 더 높은 계급적인 지위를 누렸어도 딕 모리스보다 더 높은 연봉을 받기는 힘들었을지도 모른다.

총리의 연봉은 어느 정도일까? 총리는 이슈를 선점할줄 알아야 한다. 총리들의 연봉은 국가마다 다르다.

남미의 한 국가에서 최근에 있었던 일이다. 한 정치가가 집권한 후 자기의 연봉을 대폭 상승시켰다. 경제난에 시달리고 있던 국민들이 이 일을 고운 시선으로 봐줄 리가 없다.

연봉은 민감한 사안이다.

또 다른 예를 들어 보자. 이슈 선점력을 지닌 현 이탈리아 총리의 연봉은 어느 정도일까? 실비오 베를루스코니 총리는 축구구단주 출신이다. 지금의 총리 연봉보다 구단주 연봉이 더 높았을 지도 모른다. 직위는 총리가 더 높게 보여도 순수입면에서는 구단주 연봉이 더 높았을 것이다. 청년시절, 유람선에서 가수생활을 했던 경험이 있는 실비오 베를루스코니 총리이다. 유람선에서 여행객들에게 노래를 불러주던 시절의 연봉에 비하면 지금은 더 높은 연봉을 받지만 구단주 시절이 연봉면에서 그리울지도 모른다. 그는 총리로 일한다. 하지만 여기에만 만족하지 않고 '메글리오 나 칸쵸네(노래가 더 낫다)' 란 음반을 발표하기도 했다.

이것으로 사람은 연봉 이상의 그 무엇인가를 갈구하면서 일하려는 속성을 지니고 있음을 알 수 있다.

일과 연관된 이슈를 선점하면 연봉은 올라간다.

일을 위한 복지(Welfare to Work)캐치프레이즈를 통해서 근로의식을 고양한 정치가가 있다. 바로 영국의 토니 블레어 수상이다. 토니 블레어 수상은 이슈 선점력이 뛰어난 사람이다. 지금은 비록 영국에서 이라크전과 관련해 비판을 받고는 있지만 그는 일을 위한 복지개념을 통해서 일의 가치의식을 불러일으켰다.

주인공이 되어라

> **연봉의 상승속도를 주목하라. 자기 일의 주인공이 되어라. 자기 일의 주인공이 되어야 고액 연봉자가 될 수 있다.**

일을 통해서 경제적으로 자립하는 구도는 순수하고 평생 지속될 구조일수록 좋다.

일을 시작하려는 사람은 연봉을 생각해야 한다. 왜냐하면 연봉을 통해서 자립구조를 만들 수 있기 때문에 그렇다.

앤드류 크로켓은 신용 리스크 평가 전문가이다. 1980년대 영국과 미국의 금융기관들이 리스크를 가볍게 여기고 대출을 한 적이 있다. 이 대출 때문에 결국은 당시의 영미 금융기관들이 재정적인 어려움을 겪게 되었다. 리스크 전문가들이 신속하게 영미 금융기관의 재무상 취약구조를 개선하기 위해서 노력했지만 오랜 시간이 지나서야 문제점을 보완할 수 있었다. 앤드류 크로켓은 이런 리스크의 최소화를 위하여 금융기관에서 일을 시작한 사람이다.

후에 그는 영국 중앙은행의 이사가 되었다. 그는 이곳에서도 금융기관의 리스크를 다루었다. 그의 이런 능력을 인정한 국제결제은행(BIS)이 그를 총괄대표로 선출했다.

금융기관의 우수성은 신용건전성에서 시작한다는 메시지를 지속적으로 제기하는 일이 그가 하고 있는 일이다. 그는 고액 연봉자가 되었고, 지금은 JP 모건의 해외 비즈니스 총괄 대표로 일하고 있다.

앤드류 크로켓은 자기 일에 주인공 의식을 가지고 일하여 고액 연봉자로서 성공을 이루었다.

긍정적 에너지로 방향성을 제시하라

직장인은 일에 바쁘다. 그래서 일에 몰입하다보면 방향성 부족이라는 함정에 빠질 수도 있다.

자기가 어디로 가고 있는가를 생각하라. 그리고 방향성을 긍정적 에너지로 제시하라. 그러면 고액 연봉자로 평가받을 수 있다.

직종마다 연봉이 인상되는 속도는 다르다.

정년까지 10억 원을 모으려면 무엇을 고려해야 할까? 바로 연봉의 인상속도를 생각해야 한다.

국립대학교의 교수로 재직중인 A씨는 1999년 전임강사로서 3,300만 원의 연봉을 받았다. 그의 제자인 B군은 은행에 입사하여 당시 2,500만 원의 연봉을 받았다. 그런데 제자의 연봉 인상 속도는 매우 빨랐다. 결국 2003년 가을에 연봉 역전의 결과를 낳았다. 부교수가 된 A씨의 연봉은 4,600만 원, 증권회사의 애널리스트가 된 제자 B군의 연봉은 5,100만 원이었다.

마이클 델은 고액 연봉을 받는 사람 중에 한 사람이다. 고액 연봉자로 가려면 방향 설정을 잘해야 한다. 그런 방향 설정을 잘하는 사람이 바로 마이클 델이다. 그는 컴퓨터 회사의 전문경영자이다. 그는 컴퓨터와 같이 있는 시간에 즐거움을 느낀다고 말한다. 그는 이제

8,200만 달러의 연봉을 받는 고액 연봉자이다. 그가 운영하고 있는 델 컴퓨터사는 더 많은 수익을 올릴 수도 있다.

그는 학창시절에 긍정적 에너지로 창업을 했다. 한국의 최성욱 대표가 음악 이벤트 회사를 창업해서 연간 100억 원 이상의 매출을 올릴 수 있던 것도 그가 재학중에 얻은 아이디어 때문이다. 마이클 델도 그랬다. 대학에 재학중이던 시절에 컴퓨터에 대한 여러 긍정적 아이디어를 바탕으로 하여 회사를 만들어서 키운 것이다.

연봉을 통해서 돈을 만들고 싶다면 젊을 때 시작하는 것도 한 가지 방법이다. 하지만 풍부한 지식을 갖추지 않았다면 함부로 창업을 해서는 안 된다.

특허료는 돈이다. 그러므로 고액의 수입자가 되는 방법 중에 특허권을 얻는 방법이 있다. 퀄컴사는 특허를 많이 갖고 있다. 한국의 이동통신 회사들이 이 회사에 지불하는 특허료는 실로 막대하다. 이런 상황에 힘입어서 퀄컴사의 어윈 제이콥스는 연봉으로 6,300만 달러를 받는다. 그의 특기는 회사가 나아갈 방향성을 긍정적 에너지로 열심히 제시한다는 점이다.

이야기를 다른 방향에서 전개해 보자.

성과급은 경기에 민감한 영향을 받는다.

S씨는 외국계 회사의 부장으로 일하고 있다.

그는 미국의 MBA에서 공부한 인재로서 높은 연봉을 받고 있다

그는 높은 연봉자로서의 책임을 다하기 위해서 의미 찾기를 한다.

- 그는 5년 전부터 수입의 1%를 좋은 일에 기부해 오고 있다. 그는 그것이 의미 있는 일이라고 생각하고 이 일을 시작한 것이다.
- "일 속에서 저는 고액 연봉을 추구합니다. 하지만 제 자신만을 위한 생각으로 높은 연봉을 추구하지는 않습니다. 이런 기부가 저에게는 긍정적 에너지를 제공하고는 합니다."

an Annual Salary

능력 품질을 재충전하라

능력 품질을 수시로 재충전하라. 이것이 고액 연봉으로 가는 길이다.

세상에는 연봉을 많이 받는 사람들이 항상 존재한다. 전쟁을 하는 와중에 사람들의 수입은 더 격차가 벌어지기도 한다. 발칸 전쟁의 와중에서, 베트남 전쟁의 와중에서 돈을 번 사람과 그렇지 못한 사람의 격차는 매우 크다는 사실이 역사적으로 증명된 적이 있다.

시간 단위로 연봉을 받는 사람이 있다. 높은 연봉을 받으려면 어떻게 준비해야 하는가?

능력 품질을 재충전하는 길이 있다. 능력 품질을 재충전하기 위해서는 첫째, 전문적인 능력을 갖추어야 한다는 것이다. 그리고 이 사실을 알려야 한다. 업계에 소문이 나게 해야 한다. 그리고 마지막으로 진정한 전문성을 보유해야 한다. 당신이 진정한 전문성을 보유하면 연봉은 올라간다. 당신이 대가라는 소문이 나면 시간 단위로 연봉을 받을 수 있다.

둘째, 커리어 컨설팅 인맥을 갖추어라. 연봉을 높게 받으려면 자기 일과 연관되는 사람들의 추천을 많이 받아야 한다.

"그 사람이 이 분야에서는 거의 최고급인 인재이다."란 평가를 받아야 한다. 이런 평가를 동종 직종에서 일하는 사람들로부터 받으면 시간 단위의 연봉을 받을 수 있는 위치로 향할 수 있다.

시간 단위 연봉 제도는 앞으로의 연봉체계에서 하나의 흐름이 될 전망이다. 이렇게 하려면 공부하고, 일정한 직업 경험이 있어야 한다. 그러면 자기 분야의 전문가로서 고액 연봉자가 될 수 있다. 그리고 더 공부하기를 원한다면 유학을 할 수도 있다.

만약 연봉을 더 올려 받고 싶다면 상업적인 활동을 강화해야 한다.

금융 딜러가 되자. 특히 투자은행의 유가증권 딜러가 된다면 시간 단위로 연봉 계약을 할 수도 있다.

딜러가 되는 방법을 구체적으로 제시하면 다음과 같다.

국내 대학에서 국제금융학을 공부한 후 유학을 한다. 영국 런던의 런던 비즈니스 스쿨에서 금융 공학 석사 공부를 하여 자기 역량을 키우는 것도 한 가지 방법이다. 그리고 모건 스탠리 런던 지사에서 경험을 쌓은 후 귀국한다면 한국의 ABN Amro에서 금융 딜러를 할 수 있다. 이렇게 하면 고액 연봉자로 갈 수 있다.

an Annual Salary

종합화 능력을 키워라

> **종합화 능력을 함양하라. 현상 전체를 하나로 보고 분석하는 능력이 바로 종합화 능력이다. 높은 연봉을 받기 위한 과정에서 종합화 능력은 핵심 컨텐츠이다.**

해설은 종합적인 능력을 갖춘 사람만이 할 수 있다.

스포츠 경기 해설의 경우는 더욱더 종합적인 능력이 요구된다. 스포츠 경기 중계에서 해설자는 스포츠 경기를 중계하는 캐스터가 하는 말을 받아서 해설을 해준다. 그러므로 스포츠 해설자는 말도 잘하고 전문 지식도 많아야 한다. 그래야 시청자들의 경기 보는 재미를 더 배가시켜 줄 수 있다.

한일 월드컵이 열렸던 2002년 여름은 뜨거웠다.

이 기간 동안 한국에서 시간당 높은 보수를 받은 사람은 누구였을까?

첫 번째 사람은 거스 히딩크 감독이었다. 두 번째 사람은 차범근 씨이었다. 그가 지니고 있는 전문성에 선수로서 활약했던 경험이 평가가 된 결과 고액의 시간당 보수를 받을 수 있었을 것이다.

야구 부분에서의 하일성 씨, 허구연 씨, 박조준 씨도 고액의 연봉을 받는 것으로 알려졌다. 이들은 종합화 능력을 함양한 사람들이다.

종합화 능력을 키워 가라.

an Annual Salary

2

연봉을 올려 받는
비결은 있는가?

an Annual Salary

연봉을 올려 받는 비결

- 시간은 돈이다. 분 단위 시간을 절약할 줄 아는 사람이 되어라. 시간을 효율적으로 활용하는 능력은 이제 기업에서 직원을 평가하는 중요한 평가 요소이다.

- 남들이 모방하기 힘든 자신만의 특별한 역량을 갖추어라.

- 일을 통해서 자아를 향상시켜라. 그리고 그렇게 함으로써 세상의 본질과 이면을 보는 안목을 길러라.

- 순응적으로 일하지 말라. 기존 질서에 도전하고, 새로운 개념을 만들어라.

- 미래 자신이 원하는 연봉을 평소에 기획해 두어라.

an Annual Salary

개인 생산성 지수를 높여라

개인 생산성(personal product capacity)을 고려하면서 일하는 것은 바람직한 일이다.

시어즈 로벅(Sears Robuk)이란 회사는 백화점이다. 하지만 이 회사 안에는 여러 개의 회사가 존재한다. 그 가운데에 하나가 패션 회사이다. 한국에서 시어즈 로벅은 패션 회사이다. 이 회사에서 일하는 이사 중에는 여성들이 많다. 이들은 개인 생산성의 향상을 위해서 끊임없는 노력을 한 여성들이다.

주남저수지에 가보라. 왜가리, 청둥오리, 큰부리 큰기러기를 볼 수 있다. 이곳에서는 이런 풍경을 곳곳에서 볼 수 있다. 자연생태학자가 되면 이런 현장을 자주 방문할 수 있을 것이다. 이런 일을 통해서 환경생태학자는 개인의 생산성을 만든다. 자연 생태의 변화에 대한 결과물의 질이 그의 개인 생산성인 셈이다.

개인 생산성 지수를 높이는 것이 고액 연봉자로 가는 길이다.

그러기 위해서는 현장을 자주 탐색해야 한다. 그래야 생산성 지수를 높일 수 있다. 또한 소비자를 가까이 하여 커뮤니케이션 하는 것이 생산성 지수를 높인다.

회사를 이끌어가는 경영자는 사원들의 1인당 생산성 지수를 본다.

한국 회사에서 고액 연봉자가 되려면 다음에서 제시하는 면에 주의하여 회사를 선택하라.

금융스캔들에 휘말린 회사는 피하라. 투명 회계를 하는 경영자가 운영하는 회사를 택하라. 이것이 고액 연봉으로 가는 지름길과 통한다. 이런 경영자는 직원들에게 우리사주를 스톡옵션으로 나누어줄 줄 안다. 불투명 회계를 하는 경영자는 이익을 독차지하려는 마음을 가지고 있는 경향이 심하다. 그러므로 연봉으로 성공하려면 세상을 만만하게 생각해서는 안 된다. 세상이 돌아가는 배경과 그 속에 깔린 흐름도 읽어내야 한다.

또 개인별 생산성 지수를 주로 생각하라. 생산성 지수가 높은 사람이 고액 연봉자가 될 수 있다. 하지만 회사도 잘 선택하라. 생산성 지수가 높은 사원들로 구성된 회사를 선택하라.

시간을 계산해서 일하라

　시간은 돈이다. 높은 연봉을 받고 싶다면 30분 단위로 계산해서 일하라. 시간 예측을 잘해서 일하면 높은 연봉을 받을 수 있다. 높은 연봉을 받기 위해 노력하는 과정 속에서 시간이 핵심 변수이다. 시간을 효율적으로 이용하기 위해서 일의 구성을 특히 잘하라. 자신의 체력을 고려해서 일을 구성하고, 능력 발휘가 가장 잘되는 시간에 어려운 일을 하라. 고난도의 일은 이 시간을 활용하라.

　분 단위를 아낄 줄 아는 사람이어야 한다. 잡담으로 시간을 낭비해서는 안 된다. 시간 절약 정도를 매일 체크하고, 직장에서 시간을 절약하는 사람이 고액 연봉자가 될 수 있다.

　시간을 효율적으로 활용하는 능력은 이제 기업에서 직원을 평가하는 중요한 평가 요소가 된다.

　분 단위를 아껴라. 낭비하는 시간만큼 연봉이 내려간다. 시간 효율을 높이면 연봉은 인상된다.

정직한 연기로 승부하라

정직한 연기가 당신으로 하여금 높은 연봉을 받을 수 있게 해준다. 높은 연봉을 받기 위한 과정은 바로 연기력에 달린 것이다. 당신의 일터를 무대로 생각하라. 당신은 연기자다. 청중 앞에 선 연기자다. 높은 연봉을 받기 위해서는 연기파가 되어야 한다. 스타 의식을 가지고 자기 분야의 스타가 되겠다는 결심을 굳게 가져라. 스타가 되려는 자기 결심 없이 고액 연봉자가 되기는 어렵다.

정직한 연기파가 되어라. 진정한 연기를 통해서 평가받아라. 어차피 세상은 무대이다. 당신의 진정한 연기력으로 연봉 협상에 임하라. 진정으로 연기력을 길러라. 이것이 고액 연봉을 받기를 원하는 사람이 갖추어야 할 전략이다.

연기력에 영향을 줄 미래의 일터 시장의 흐름을 살펴보라. 그리고 연기파가 되겠다는 결심을 하라. 당신의 연기력은 당신이 높은 연봉을 받기 위해 노력하는 과정에서 도움을 줄 것이다.

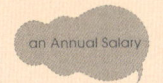

지혜로 무장하라

높은 연봉을 받기 위해 노력하는 과정이 그리 만만한 것은 아니다. 높은 연봉은 아무에게나 주어지는 것이 아니다. 높은 연봉을 받기 위해서는 지혜로 무장해야 한다. 정보를 수집하고 분석해보라. 그리고 자신의 상태를 파악해보라. 자기의 어떤 능력이 당신 자신에게 고액의 연봉을 안겨줄 것인가를 생각하라. 바다에도 태풍이 불듯이 높은 연봉을 받기 위해 노력하는 과정에도 이런 종류의 바람이 존재한다.

지혜로 무장하기 위해서는 명상의 시간을 가져라. 명상은 당신을 지혜로운 존재로 만들어 줄 것이다.

기업들은 지혜로 무장한 인적 조직을 중심으로 조직의 규모를 축소시켜도 매출액과 순이익이 증가하는 현상들을 보게 될 것이다. 앞으로는 생각하는 힘을 지닌 인재를 중심으로 채용하는 패턴이 선호될 것이다. 그리고 이러한 현상은 큰 흐름으로 자리를 잡게 될 것이다.

지혜로 무장하기 위해서는 혼자만의 시간을 가져라.

사람들은 도심지 일터에서는 이런 시간을 갖기 어렵다고 말한다. 하지만 반드시 그렇지는 않다. 일하다가 2시간에 약 10분 정도는 하던 일을 멈추고 명상하라. 그리고 여행을 통한 명상 시간도 가끔씩 가져라. 고액 연봉자는 휴가를 나눠 사용할 줄 아는 습관을 지니고 있다.

모방하기 힘든 역량을 만들어라

남의 것을 모방하는 것으로 끝낸다면 말짱 도루묵이다. 남들이 모방하지 못하는 나만의 능력을 길러라. 그 능력이 당신을 고액 연봉자로 만들어 줄 것이다.

여러분이 하는 일 속에서 남들이 모방하기 힘든 역량을 만들어라. 이러한 능력을 기르기 위해서는 시간을 많이 들여야 한다. 고액 연봉자는 경쟁자들에게 둘러싸여 있다는 의식을 강하게 가져야 한다.

자신만의 특별한 역량을 갖추어라. 그러면 고액 연봉자의 길로 들어설 수 있다. 남이 모방할 수 없는 능력을 만들어라.

특정 직종을 제외하고 박사, 석사, 변리사, 회계사 등 전문직 일자리의 수요가 감소하면서 한국 노동시장에서 인적 자원의 능력 크기와 일자리 수가 안 맞는 여건이 펼쳐질 것이다. 그 결과 대학원 졸업자들의 일자리 문제가 사회적 이슈로 등장할 가능성이 높다.

개인 역량이 높다고 해서 일터에서의 기회가 높게 주어지는 것은 아니다. 개인 역량이 높아 오히려 일할 기회가 적어지는 모순된 현실이 등장하게 될 것이다.

그러므로 일을 갖고서 역량을 키우는 일을 지속해야 한다는 사실을 명심해야 한다. 무조건 역량 강화만 한다고 좋은 것은 아니라는 점도 인식해야 한다.

 an Annual Salary

지식을 편식하지 말라

작은 회사에도 고액 연봉자는 있다. 회사 규모가 고액 연봉자를 만들지는 않는다. 작은 회사라도 국제적으로 인정받는 특허를 보유하면 고액 연봉을 받는 사람들이 있다.

편식하는 것은 건강에 안 좋다. 우리는 음식을 가려먹는 것을 편식이라고 한다.

편식이 건강에 안 좋은 것처럼 지식 편식도 연봉 인상에 도움이 안 된다. 폭 넓은 지식을 갖추도록 노력하라. 이것이 고액 연봉으로 가는 길이다.

현대 사회는 갈수록 사회 전반에 걸쳐서 편식증이 심해지고 있다.

작은 규모의 기업에 취업을 기피하는 풍조가 중소기업의 인력난을 심화시켰다. 그 결과 지난 5년 동안 4100여 개의 국내 기업이 해외로 빠져나갔다. 앞으로 이런 현상은 더 심화될 것이다. 따라서 이러한 문제를 근본적으로 해소시키기 위해서는 중소기업에 인적 자원을 적절히 채용할 수 있는 여건을 마련해 주는 노력이 필요하다. 또한 청소년들에게도 중소기업에도 비전이 있다는 컨텐츠의 직업 철학, 직업 심리교육을 강화할 필요가 있다. 직업 철학이 평가받게 되면 개인의 역량은 더욱 가치를 지닐 수 있다.

대기업만이 고액 연봉을 보장하지는 않는다. 소규모 기업에서 일해도 고액 연봉을 받을 수 있다는 점을 명심하자.

세속의 눈도 가져라

이상을 가져라. 하지만 세속의 눈도 가져라. 세속의 눈도 있어야 고액 연봉자가 된다.

외국 회사에 계약직 제의를 받은 사람이 찾아 왔다.
"계약직인데 시작해도 되나요?"
"일단 시작하세요."

임시직·계약직의 비중이 늘면서 정규직으로 된 후에 결혼하려는 젊은이들이 증가할 것이기에 이렇게 권했다.

앞으로 사회적으로 결혼을 연기하는 현상들이 더 많이 나타날 것이다. 2003년 11월을 기준으로 보면 비정규직과 정규직의 임금 수준이 51 : 100으로 나타났다. 비정규직의 보수가 정규직의 보수에 절반에 해당하는 제도가 현재 실시되고 있다. 이에 비추어 볼 때 고용 행태에 따라서 연봉 격차는 갈수록 더 벌어질 가능성이 높다.

하지만 일단 일을 시작하면 정규직으로 될 가능성도 높아진다. 일이 생기면 일단 시작하라. 진로 방향이 좋다면 언젠가는 당신을 고액 연봉자로 이끌 것이다.

세상 속에서 일을 시작하라. 일을 통해서 자아를 향상시켜라. 그렇게 함으로써 세상의 본질과 이면을 보는 안목을 길러라. 너무 고고한 척 하지 말라. 높은 연봉을 받으려고 노력하는 과정에 도움이 안 되는 경우가 많다.

동적 태도를 보여라

동적 태도를 보여라. 경영자에게 움직임을 보여라. 활동성이 높은 존재가 도전적으로 보인다. 그래서 경영자들은 활동성을 갖춘 사람들에게 관심을 가지고 지켜보며 이들에게 더 많은 연봉을 준다.

직장에는 동적 연봉과 정적 연봉이 있다. 그리고 동적 연봉이 더 자주 인상된다.

연봉 설계를 할 때 직업 주기별 연봉 설계를 해야 한다. 이때 나이가 고려되어야 한다.

야구스타 이승엽의 연봉을 생각해보자. 그는 연봉을 가장 높게 받을 시기가 있다. 최고치의 연봉을 받는 연령기가 있는 셈이다. 타력이 무르익을 시기가 바로 최고 연봉을 받을 때일지도 모른다. 이 점을 생각해야 한다. 연봉 계획은 여기에서 출발될 수 있다.

동적(動的) 연봉은 바로 이런 개념이다. 연봉은 변한다는 것이다. 변하는 연봉 속에서 최고점과 최저점을 발견하라.

연봉은 변한다. 연봉의 변화는 필연이다. 누구에게나 연봉은 달라진다. 임금 피크제를 보라. 일정 연령 이상에서부터 연봉은 감소한다.

신용보증기금 회사가 임금 피크제를 채택하고 있다. 일정 기간 동안의 고용을 보장하는 대신 연봉은 일정한 나이가 되면 그 이후에는 감소한다. 그런 개념이 임금 피크제의 컨텐츠에 있다. 임금은 그 자체로 변하는 속성이 있다. 여기에서 임금의 동적 컨셉이 생긴다.

동적으로 보여라. 이것이 당신에게 고액 연봉을 보장해줄 것이다.

기존 관념에 대항하라

기존 관념에 대항하라. 그렇게 하면 무명의 사진 작가라도 고액 연봉을 받을 수 있다. 기존 관념을 깨부수어라. 이것이 고액 연봉으로 가는 전략이다.

사람은 순응적인 존재 양태를 보이는 경우가 많다. 하지만 순응적으로만 보여서는 고액 연봉자가 되기가 어려워진다. 기존 관념에 대항하라. 그리고 새로운 자기 관념을 세상에서 창조하라. 그러면 연봉이 올라간다.

여기 기존 관념에 대항한 존재가 있다. 바로 사진작가 김아타 씨이다. 그는 인간의 원래 모습을 담는데 열정을 다한다. 그의 작품에는 감동이 있다. 그는 "미술은 예쁜 이미지라는 생각을 바꾸라."라고 말한다. 김아타 씨의 이런 말은 그의 체험 속에서 우러나온 말이다. 미술은 예쁨만을 위한 도구는 아니다. 미술은 움직이는 역사 속에 있다. 역사는 반듯하기도 하고 굴곡된 모습이기도 하다.

김아타 같은 작가들은 나이를 먹어갈수록 연봉이 늘어날지도 모른다. 작품성이 향상될 것이기에 그렇다. 이처럼 하는 일에 따라서 연봉의 동적 변화는 다른 사이클을 지닌다. 이 점을 생각하라. 일하는 종류에 따라서 연봉 사이클은 달라진다.

순응적으로만 일하지 말라. 기존의 질서에 도전하라. 새로운 개념을 만들어라. 학자들, 전문가들이 만든 개념이 다 옳은 것은 아니라는 생각을 하라. 기존 개념을 혁파할 용기를 가져라.

미래 자신이 원하는 연봉을 평소에
기획해 두어라

연봉으로 부자가 된다는 확신을 가져라. 미래의 자기 연봉을 기획해 두어라. 연봉이 오르면 부자가 된다는 생각을 가져라. 그리고 연봉에 민감하게 반응하라. 연봉은 민감하게 반응하는 사람에게 더 높은 곳으로 오를 기회를 준다. 높은 연봉으로 가는 국면에서는 기회가 온다. 연봉 배팅을 할 기회가 그것이다.

G씨는 경력 5년의 외국인 은행원이다. 그는 외국의 한 금융회사가 한국 진출을 준비중이라는 정보를 입수했다. 그는 이 정보에 대하여 수소문을 해보았다. 한국 지점장 후보는 자기가 몇 년 전에 모신 상사라고 한다. 그래서 그는 그 지점장 후보를 찾아갔다.

"같이 일하고 싶습니다."

"지난번 연봉은 얼마나 받았습니까?"

"지난번은 ○○를 받았습니다만 이제는 그것보다 50%를 더 받고 저의 능력을 발휘하고 싶습니다." 이렇게 그는 자신의 연봉 배팅을 시도했다. 결국 연봉은 전 연봉보다 35% 오른 선에서 결정되었다. 그리고 새 외국 은행에서 일하게 되었다.

정적(靜的) 연봉은 흐름이 일정한 연봉이다. 초등학교 교사생활을 하다 정년을 하게 되면 정적 연봉에 속한다. 물가가 변함에 따라서 연봉도 일정하게 변한다. 여기서는 연봉이 정적으로 흐른다. 이런 상황을 정적 연봉의 여건에 속한다고 표현한다.

동적 연봉과 정적 연봉을 동시에 생각하라. 두 가지를 생각해서 10년 후의 연봉을 기획하라.

정적 연봉자들도 부자가 될 수 있다. 변화가 크지 않으므로 장기 투자를 할 수 있다. 정적 연봉자들은 장기 투자에 전략을 세워라.

an Annual Salary

탁월한 창의성을 확장하라

▌이제는 탁월한 창의력이 높은 연봉을 보장하는 조건이 된다.

연봉으로 승부한 사람들은 많다. 하지만 이들의 고액 연봉에 관한 비밀은 정리되지 않았던 예가 많다.

고액의 연봉을 받는 사람들의 성공요인은 "탁월한 창의성을 키운 덕분이다."라고 간결하게 요약할 수 있다.

탁월한 창의성을 발휘하라. 그것이 당신을 고액 연봉자로 만들어 줄 것이다.

연봉 시스템을 잘 알면 부자가 될 수 있다.

사가무어 스테브넹과 까롤린 뒤세는 영화 〈로망스〉에서 열연했다. 그렇다면 지구촌 사람들의 흥미를 자극했던 이 영화의 주인공들은 과연 얼마의 개런티를 받고 연기했을까? 아마도 이들이 연봉으로 승부하지는 않았을 것이다. 탁월한 창의성이 넘치는 연기로 승부한 것이다.

연봉으로 승부한 사람들이 있다. 그 속에는 승자도 있고 패자도 있다.

방송국에서 일하던 A씨. 그는 연봉에 승부를 걸어 성공한 사례에 속한다. 그는 영화사로부터 2억 원의 연봉 제의를 받고 한동안 고민

했다. 1년에 영화 2편, 드라마 3편만 제작하면 된다. A씨는 몇 개월 동안 고민한 후 연봉으로 승부하기로 했다. 제의를 받아들인 것이다.

A씨는 드라마와 영화를 제작하기 위해서 독립했다. 처음에는 걱정도 많았다. 제대로 될까? 지인들이 그에게 투자를 했다. 첫 영화는 실패였다. 성공해야 한다는 압박감에 시달렸다. 그런 속에서 드라마를 제작했다. 밤 새워 대본을 읽고, 야박할 정도로 오케이 사인들을 했다. 그 때문에 연기자들로부터 눈총도 많이 받았다. 오케이 사인이 날 키스신도 NG(다시 촬영해야 한다는 신호)를 한다. 연기자들은 인상을 쓴다. 그렇지만 A씨는 철저하게 자신을 컨트롤했다. 23회 분량의 드라마 제작기간이 평소 제작기간의 2배가 되었다. 피곤했다. 하지만 A씨는 최선을 다했다. 영상미학에서 시청자를 압도했다. 드라마 방영 후 타방송사 프로그램보다 시청률이 30%가 높았다. 같은 시간대의 드라마와 이처럼 차이가 난 것이다. 그는 호평을 받고, 계속 해서 영화 시나리오가 들어왔다. 그는 다음해에는 연봉 3억 원에 영화 관객 50만 명 이상부터는 수익의 3%를 별도로 받는 영화를 제작한다.

그는 자립한 지 8년째이다. 이미 방송국에서의 연봉보다 5배를 더 번다.

'탁월한 창의성으로 일한다' 는 태도로 A씨는 높은 연봉으로 가는 항해길에서 싸워 이긴 것이다. 그는 지금 예술성 높은 영화를 만들고 있다.

연봉의 암초를 조심하라

> **연봉의 암초를 조심하라. 높은 연봉으로 가는 길에는 장애물이 존재한다. 이 장애물을 미리 찾아내라. 그리고 피해가면서 계속 앞으로 나아가라.**

1억 원의 연봉자로 일하던 A씨는 10억 원의 연봉을 위해서 독립했다. 하지만 독립 시기가 부적절하여 실패한다. 그는 지금 연봉 3,000만 원의 새 일을 찾지만 사정이 여의치 않다.

독립한 사람이 모두 성공하는 것은 아니다. 아마 자립하지 않고 그 회사에서 연봉 높이기에 심혈을 기울였다면 그는 지금쯤 연봉 2억 원을 받는 연봉자가 되었을 것이다.

방송국에서 일하는 B는 교양 프로그램 프로듀서이다. 교양물 제작만 벌써 17년째이다. B씨는 정해진 보수가 너무 답답하다. 그래서 더 많은 연봉을 위해서 독립하고 싶었다.

어느 날 프로덕션을 설립해 독립했다. 초기 비용은 동업자인 프로듀서 P와 같이 조달했다. 초기에는 기존 방송사의 교양물을 제작해 수입이 다소 유지되었다. 이제는 방송사와 계약해서 교양물을 제작한다. 그렇지만 제작비가 예상보다 더 든다. 이런 경우가 많다. 그는 예상수익을 점점 낮춘다. 경기가 점점 나빠지고 교양물의 제작 단가도 내려간다. 다른 프로덕션들도 계속 생겨난다. 방송국 커피숍에서 외주 제작팀을 만나는 일도 이젠 힘들다. 연봉으로 승부하고자 자립한 것이 더 자기에게는 수입에서 도움이 되지 못했다. 그는 연봉의 장애물을 찾을 생각을 하지 못했던 것이다.

그는 지금 연수입 2,000만 원도 못 버는 프로덕션의 대표이다. 만약 방송국에서 계속 일했다면 부장으로 승진하고 9,000만 원 가량의 연봉을 받을 것이다.

높은 연봉을 받는 일이 간단한 일만은 아니다. 목표를 향해 가는 도중에 태풍도, 폭풍우도, 암초도 만날 수 있다.

연봉으로 승부하라. 이것이 개인에게 새로운 기회를 제공할 수도 있다. 하지만 바닷속 암초를 조심하듯 높은 연봉의 장애물을 조심하라.

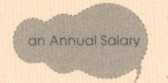

흐름을 타서 항해하라

> **연봉 구조의 새 흐름을 보라. 항해에서 파도타기를 하듯 흐름을 타라.**

일을 시작하려는 사람들은 연봉 구조의 새로운 흐름을 알아야 한다. 연봉의 새 흐름은 초 단위로 다르게 나타날 수 있다.

환경 건축가들이 미래 사회에서 차지할 위상은 커질 것이다. 하지만 환경 건축은 건축비가 평당 300~400만 원 정도가 든다. 일반 건축비도 더 든다. 그래서 일거리가 그리 많지 않다. 때문에 위상에 비해 연봉은 상대적으로 낮을 수 있다. 이렇듯 환경 건축가는 사람들의 주목은 받지만 수요는 많지 않다.

생산직에 종사하는 사람들이 관리직에 종사하는 사람들보다 더 높은 연봉을 받을 수도 있다. 전남 여수 산업 단지 내에는 연봉 8,000만 원이 넘는 생산직 사원들이 있다. 관리직이 생산직보다 더 많은 연봉을 받아야 한다는 원칙은 없다. 여수 산업 단지의 사례처럼 생산직이 관리직의 연봉을 추월하는 현상은 앞으로 여러 분야에서 나타나게 될 것이다.

명성을 구축하라

　명성을 만들어 가라. 자기 분야의 일에서 명성을 만들어 가라. 큰 시장에서는 열 손가락 안에 들도록 노력하고, 좁은 시장이면 세 손가락 안에 들도록 노력하라. 하지만 명성 만들기에만 치중하여 능력 갖추기를 소홀히 해서는 안 된다. 진정한 명성을 쌓아라. 최선을 다해서 명성을 쌓아라. 그렇게 하기 위해서는 지속적으로 자신의 명성을 홍보해야 한다. 공부하면서 이런 홍보를 하라. 자신의 명성을 구축하는데 탁월한 능력을 발휘한 사람이 바로 미국의 빌 클린턴 전 대통령이다.

　빌 클린턴이 1시간 동안 연설하면서 받는 강연료는 30만 달러이다. 그의 강연은 수없이 많이 열리고 있다. 일본의 한 단체는 더 비싼 강연료를 지불하고 빌 클린턴의 연설을 들었다. 비싼 강연료를 부담하고도 아까워하지 않는다. 이렇듯 그가 버는 연봉의 규모는 막대하다. 또한 빌 클린턴은 뉴욕에 대형 오피스를 가지고 있다. 갈수록 그는 더 많은 연봉을 받을 것이다. 연봉이 아니라 연수입이란 표현이 더 적합하다. 빌 클린턴은 이제 움직이는 회사인 셈이다.

　움직이는 회사가 되어라. 자기가 스스로 움직이는 회사가 되어라. 이것이 고액 연봉으로 가는 지름길이다. 여기에는 경력이 뒷받침되어야 한다. 탁월한 스피치 능력도 필요하다. 또한 인맥도 필요하다. 움직이는 고액 연봉자가 되면 자본주의의 이점을 누리게 될 것이다. 명성을 쌓아라. 그러면 고액 연봉자가 될 수 있다.

명성은 성과를 바탕으로 올라간다. 성과 없이 명성만을 쌓아올리기는 어렵다. 명성을 구축하라. 명성을 구축하면 당신은 고가의 연봉 제의를 받을 수 있다.

an Annual Salary

3 CHAPTER

연봉 협상 테크닉을
발휘하라

an Annual Salary

연봉 협상 테크닉

- 자신만의 본래의 이미지를 만들어라.
- 자기 힘으로 성과를 이루어 정당한 연봉, 땀의 대가인 고액 연봉을 기대하라.
- 자신의 직무 기술이 향상되었음을 인사 파트와 경영자에게 알려라.
- 연봉에 영향을 미치는 각 나라의 입법 규제 - 임금 및 세법 관련 법 - 를 공부하라.
- 연봉 협상을 위해 아이디어를 창조하고 키우는 자기 노력을 하라.

an Annual Salary

연봉 딜레마를 분석하라

연봉에는 딜레마 구조가 존재한다.

하이 리스크의 일은 연봉이 높다. 하지만 지속적으로 그 일을 하기는 어렵다는 단점이 있다. 이런 현상을 연봉 딜레마라고 한다. 방송의 MC 같은 직업이 그렇다.

연봉을 협상할 때에는 자신의 역량을 수학적으로 계산하여 제시하라. 연봉 협상은 당당하게 하되 상대의 자금 사정을 고려하여 하라. 또한 직무값을 생각해서 연봉 협상을 하라. 관련 업계에서 받는 업계 최고 값을 조사해서 연봉 협상에 임하라.

연봉에는 딜레마가 존재한다. 그러므로 딜레마를 알아야 한다.

방송의 MC는 경쟁이 치열한 일이다. 그래서 다음 방송을 하기 어려운 상황에 놓일 수도 있다. 방송을 통해서 자기의 역할을 장기적으로 지속하기가 쉽지 않다. 프로그램 개편이 수시로 있다.

이런 딜레마를 극복하기 위해서는 일하면서 새로운 일을 위한 자기 인맥을 구축해야 한다. 타방송사에서 새로운 프로그램을 맡을 수 있는 탄탄한 인맥을 구축하라. 이렇게 하기까지는 10년 이상이 걸릴 수도 있다. 그래도 만들어야 한다. 그래야 연봉 딜레마 구조를 극복해 갈 수 있다.

고액 연봉이 유리한 나라가 있다

   고액의 연봉 체계는 나라마다 다르다.

   음악가는 스페인이나 프랑스에서 일을 찾아라. 그곳에서 일하는 것이 고액 연봉을 받을 기회가 더 많다. 조선공학, 전자, 기계공학을 공부한 사람들은 우리나라에서 일하는 것이 유리하다. 이렇듯 국가마다 발달된 산업 체계에 따라 연봉 체계가 다르다.

   우리나라의 조선업계는 연봉이 높다. 이익률이 크기에 높은 연봉을 지급할 수 있는 것이다. 그 밖에 우리나라의 대기업 가운데 높은 연봉을 지급하는 회사로는 삼성전자와 POSCO가 있다. 이런 회사에서 일하는 것이 고액 연봉자가 되는 길로 인도하기도 한다.

   연봉은 나라별로 천차만별이다.

   앞에서도 말했듯이 스페인에서는 음악가들이 고액 연봉자에 속한다. 그래서 하이 스쿨에 다니는 학생들이 음악과 관련 있는 다양한 자격증을 취득하려 노력한다. 예를 들어 마드리드 도얄 껀세르바토리 음악이론 자격증을 취득하면 음악 이론을 가르칠 수 있다. 더 노력하면 마드리드 도얄 껀세르바토리 피아노 중급자격증을 취득할 수 있다. 그렇다고 이 자격증만으로 바로 고액 연봉자가 되는 것은 아니다.

   프랑스에 가서 재즈를 공부한 후 재즈 프로그램 기획자가 되는 길을 걸을 수 있다. 그 후 음악 관련 스쿨을 열면 고액 연봉자의 코스로 진입할 수 있다.

고액 연봉자가 되기 위해서는 200여 개 나라의 연봉 구조를 파악해야 한다. 스위스에는 600개의 은행이 있다. 국토 면적은 우리나라의 경기도 정도의 크기밖에 안 되는데 이 많은 은행이 있다. 이 나라에는 고액 연봉을 받는 금융인들이 많다.

티베트에는 옷장사가 많다. 하지만 이 분야의 고액 연봉자를 찾기는 어렵다.

나라별로 연봉과 관련하여 직업 분석을 하라. 이것이 높은 연봉을 받기 위해 준비할 사항이다.

본래의 이미지를 유지하라

영화배우 이미숙 씨는 25년간 연기를 해왔다. 그녀는 지금 제작자이자 연기자이다. 얼마 전 보도에 의하면 40대의 나이에도 불구하고 할리우드로부터 콜을 받았다고 한다. 〈스캔들-조선남녀상열지사〉이란 영화 속 연기가 그녀의 인기를 높여 준 것이다. 이런 것이 그녀를 고액 연봉자로 만들어 갈 것이다. 이미숙 씨가 지닌 것은 섹시미 넘치는 다양한 표정의 연기력이다. 그녀는 자기만의 이미지를 지난 25년간 유지해온 것이다. 영화계에서 이런 이미지를 유지한 것이 그녀의 가치를 한층 높여 줄 것이다.

자기만의 본래적 이미지를 만들라. 한물 간 이미지는 버려라.
개인 이미지 시대이다. 같은 직장에서 일하는 갑과 을도 연봉이 다르다. 같은 시기에 입사하고 비슷한 영역의 일을 해도 그렇다. 여기에는 그 사람의 이미지가 영향을 준다.

어느 배우는 어린이에게 친숙한 이미지를 가지고 있다. 그래서 지금까지도 어린이 용품 모델일을 한다. 친근한 이미지가 고액 연봉을 받을 수 있는 성공요인으로 작용한 것이다.

반면에 액션 스타로 데뷔한 또다른 배우는 스캔들에 휘말리더니 이제는 캐스팅 제의도 가뭄에 콩 나듯 들어온다. 모델 제의는 이제 거의 없다.

안 좋은 이미지를 피하라. 좋은 이미지를 잘 유지하라. 이미지가 고액 연봉을 보장하는 밑거름이 된다.

연봉은 성적순이 아닌 경우가 늘고 있다

연봉은 성적순으로 정해지는 것이 아니다. 높은 학벌이 있어도 적은 연봉을 받으면서 일하는 계층도 있다.

박사학위를 받는다고 10년간 친구도 제대로 만나지 못한 사람이 있다. 그는 시간 강사이다. 전임강사를 하기 위해서 온갖 불이익을 참고 강의를 한다. 그의 연봉은 1,000만 원이 안 된다. 너무 박하다. 집에서는 경처가이다. 아내가 큰소리를 치면 경기 걸린 아이처럼 화들짝 놀란다. 그래서 경처가란 별명이 붙은 것이다. 고향 동네에서는 천재가 났다는 명성을 들었던 사람이다. 한 번도 전교 수석을 놓치지 않고 도청 소재지 고교를 졸업했다. 그리고 서울의 명문대학을 졸업했다. 영국으로 유학하여 박사학위를 받고 귀국했다. 귀국 후 시작한 것은 대학의 시간 강사이다. 그것도 방학 때는 못 한다.

지금은 아내가 결혼 당시 가져온 재산으로 산다. 그것도 쉽지 않다. 얼마 남지 않은 원금에 낮아진 금리 때문이다.

연봉은 활동성에도 영향을 미쳐 그는 동창회에 잘 가지 않는다. 동창들은 그에게 박사니 술을 사라고 한다. 그러나 그는 그럴 형편이 아니다.

이 경우를 보면 연봉은 공부 능력과는 상관관계가 없다.

하지만 연구원은 성적순으로 연봉이 정해질 수도 있다. 반드시 성적순으로 연봉이 정해지는 직종도 있다. 하지만 그런 경우는 점차 드물어지고 있다.

 an Annual Salary

박제된 선택을 거부하라

추미애 씨는 정치인이다. 박제된 선택을 거부할 줄 아는 정치인이다. 원내대표에 추대 되어도 안 맡는다는 것이 그녀의 소신이다. 그녀는 가변성에 도전하고 싶어한다.

한국에서 외국인들이 소유한 부동산은 어느 정도일까? 그 면적이 여의도의 17배라고 한다. 여의도의 17배라면 큰 면적이다. 외국인들이 이 면적을 사들이는데 기여한 사람은 부동산 컨설턴트들이다. 이 직업에 종사하는 사람들은 고액 연봉자들이다. 이들은 박제된 선택을 거부하면서 일한다. 변수를 세심하게 고려해서 일한다.

영화 〈경마장 가는 길〉을 보라.
경마장에 가면 돈버는 이야기가 나오는가? 이 영화에서는 그런 이야기가 심도 있게 다뤄지지는 않는다.
배우 문성근과 강수연이 만들어가는 사랑 이야기이다.
이 영화에서는 돈 이야기가 나온다.
논문 쓸 때 도운 것, 추억을 사는 값 등으로 남자 배우가 여자 배우에게 3,000만 원의 돈을 달라고 보챈다.
돈 이야기는 남녀간의 심리교환으로 전개된다. 돈에 얽힌 이야기는 영화 후반부로 갈수록 이들을 서로 묶는 카테고리로 작용한다. 돈을 번다는 것은 일을 통해서 이루어진다. 노동의 대가인 셈이다. 이런 대가를 통해서 사람들은 조직을 이루고 일하게 된다. 돈은 많아도 걱정, 적어도 걱정이다. 돈은 사람들에게 딜레마 같은 것이다. 그러한 돈도 일한 대가로 받은 것일 때에만 의미가 있다.

정당하게 일해 주고 받은 대가가 아니라면 비난의 대상이 되기도 한다. 역시 돈은 딜레마 같은 것이다.

박제된 일을 거부하라. 박제된 일을 하면 고액 연봉을 받기 힘들다. 박제된 연봉을 거부하라. 연봉은 자기가 만드는 것이다. 가변적인 연봉 흐름에 도전하라.

의타적인 생각을 하지 말라

스스로 서라. 스스로 행동하라. 다른 사람에게 의지하지 말라. 스스로 서서 일하라. 남에게 신세지지 말라. 의타적인 생각을 거부하라. 이것이 고액 연봉자로 가는 길이다.

높은 연봉을 받고 일하는 사람은 자기 힘으로 일을 해야 한다. 남의 힘을 빌어서 높은 연봉을 바라지 말라. 자기 힘으로 높은 연봉을 목표로 나아가라.

연봉은 직무급에서 시작된 개념이다. 직무 가치를 평가해서 직무값을 정한다. 직무값이 연봉인 셈이다. 직무값을 평가한다는 것은 쉬운 작업이 아니다.

머슴으로서 삯을 받는 데서 출발한다. 머슴론이 팽배한 아시아 지역에서 연봉은 초기에는 가당치 않은 말이었다. 아시아 민족에게 일한 대가는 밥 먹여 주고 약간의 일당을 주는 것으로 임금이 매겨졌다. 그러나 점차로 노동자와 사용자간의 관계가 대등해야 한다는 사상이 도입되면서 의식이 달라졌다. 아시아 국가의 국민들은 임금을 일한 대가라고 생각한다. 이전의 일하고 주인으로부터 받은 시혜 같은 것이 보수라고 생각한 것에서 오류를 찾아낸다. 임금은 적절해야 한다고 생각한다. 그리고 이제는 시혜가 아니라고 평가하기 시작했다. 아시아 사람들의 임금에 대한 생각이 성숙하기 시작한 것이다.

의타적인 머슴론에서 벗어나라. 머슴은 주인에게 의타적인 생각을 갖고 있다. 주인이 주는 대로 받지 말라. 주인에게 자신이 일한 만큼 당당하게 요구하라. 의타성에서 벗어나라. 서로 의지하지 말라. 자립하라. 자주적으로 성과를 내서 이익을 만들어라. 이것이 당신을 높은 연봉을 받는 사람으로 만들어 줄 것이다.

임금 논쟁 정보에 민감하게 반응하라

임금 논쟁을 주시하라. 그리고 민감한 논점을 정리해 놓아라. 높은 연봉을 받기 위해서는 이러한 작업도 필요하다. 임금 논쟁을 즐겨라. 하지만 부당한 높은 연봉은 바라지 말라. 정당한 높은 연봉, 땀의 대가인 높은 연봉만 원하라.

자본주의 사회에는 임금 논쟁이 항상 존재한다. 그러므로 이런 논쟁의 논점을 공부해 두어라. 이러한 작업을 해놓으면 당신은 높은 연봉을 받을 수 있다.

자본주의가 건국 초기에 도입된 미국에서 임금 논쟁은 오래된 일이다.

18세기에도 임금이 너무 오르면 경제 성장에 영향을 미친다고 주장한 사람들이 있었다. 21세기 초에도 이런 주장을 하는 사람들이 있다. 그 배경에는 자본가의 논리가 깔려 있다. 엄밀하게 보면 임금 논쟁은 임금을 억제하기 위한 전략으로 제기된다.

노동자들의 보수가 오른다고 물가가 오르고 인플레가 되는가? 여기에는 논쟁이 있을 수 있다.

물가가 오르면 일정 수준의 임금 인상은 불가피하다. 다만 그 인상 폭은 생산성의 범위 이내이어야 한다.

그렇다고 노동 임금이 오른다고 경제발전에 지장이 오는가? 반드시 그렇게만 볼 일은 아니다. 총생산비 중에 임금 인상의 비율로 인한 가격 변동은 1~2%인 경우가 많다. 모든 임금 인상이 경제발전의 장애물은 아니다. 임금 인상이 가격 경쟁력을 약화시켜서 국제경쟁력을 떨어뜨린다고 하는 주장은 일부 제품에만 해당하는 이야기이다. 이 논리는 전체 제품들에 해당하는 말이 아니다.

　높은 연봉을 목표로 한다면 연봉 논쟁을 알고 있어야 한다. 그래야 협상에서 유리하다.

균형 잡힌 서비스를 하라

서비스를 하되 균형 있게 하라. 균형을 유지하면 높은 연봉으로 계속 나아갈 수 있다.

균형 감각 있는 서비스 정신으로 무장하라. 서비스 정신은 균형이 잡힌 서비스 정신에서 나타날 수 있다. 균형 있는 서비스 정신이 발휘되는가를 보라. 서비스 정신이 잘 발휘되면 회사에서 높은 연봉을 받을 수 있다.

주주에게 회사 비전을 잘 브리핑한 경영자는 다음 주주 총회에서 고액의 연봉을 보장받는다. 서비스 정신으로 무장하면 고액 연봉을 받을 수 있다.

자신의 연봉은 자신의 생활 여건을 만드는 요소가 된다.

연봉을 생각하라. 우리나라에서 이제 TV 홈쇼핑, 인터넷 쇼핑, 기존의 백화점, 할인점이 유통시장을 놓고 경쟁하게 될 것이다. 이런 여건 속에서 성공하기 위해서는 서비스 시스템을 어떻게 구성할 것인가를 깊이 생각해야 한다.

항상 장기적인 안목으로 보라. 이것이 당신의 높은 연봉을 보장할 것이다.

높은 자리만 바라지 말라

> **높은 자리는 당신에게 더 많은 연봉을 보장해줄 것이다. 가능한 한 상위 직위를 원하라. 하지만 높은 자리만 바라보지 말라.**

상위 직위만이 아니라, 전문 직위도 당신에게 높은 연봉을 보장해줄 수 있다. 상위 직위가 아니더라도 경쟁력을 갖춘 회사에서 일해야 한다. 예를 들어 쇼핑 호스트로서 고액 연봉을 받으려면 경쟁력이 있는 회사에서 일을 시작해야 한다. LG 홈쇼핑, CJ 홈쇼핑 등 상위 랭크에 속하는 곳에서 쇼핑 호스트로 일하기를 기획하라. 그러면 고액 연봉자가 될 수 있다. 고액 연봉자가 되기 위해서는 그 분야의 상위 랭크 회사에 진출하는 것이 필요하다.

an Annual Salary

기술을 업그레이드하라

> **기술을 업그레이드하라. 직무 기술을 업그레이드하고 인사 파트와 경영자에게 이 사실을 알려라. 자신의 직무 기술이 향상되었음을 자랑하라.**

그래피티 아티스트로서 일하는 K라는 사람이 있다. 그는 그림 작업을 통해서 일을 한다. 실내에 그림을 그려서 분위기를 바꾼다. 이 것은 실내 인테리어 그래피티 기술에 의해 이루어진다. 처음에는 자신이 기대하는 만큼의 높은 연봉을 받기 어려웠다. 그렇지만 그는 끊임없이 색채 연구를 하고, 무엇이 실내 분위기를 바꾸는가를 연구했다. 그 결과 이제는 많은 연봉을 받는다. 그의 연봉 수준은 이 분야에서는 상위 수준에 속한다. 연봉이 오른 배경에는 그가 한 일도 작용했다. 그는 공중파 TV 쇼 프로그램의 무대 그래피티를 했다. 50분짜리 방송이었는데 성공적으로 끝났다. 이렇게 해서 그의 진가를 평가받고, 연봉을 올려 받을 수 있었다.

그가 일하는 분야의 연봉 수준은 낮았다. 그는 실내 인테리어 그래피티 일을 잘하지만 그의 연봉은 다른 업종의 연봉보다는 낮다. 그래서 그는 무대 그래피티의 가능성을 눈여겨보게 되었다. 콘서트 무대를 찾아다니면서 연구한 결과 자우림의 콘서트 무대의 그래피티를 맡게 되었다. 이 일은 연봉을 올리는 전환점이 되었다.

기술을 업그레이드하면 고액 연봉을 받는 일이 쉬워진다.

입법 규제를 알아두어라

> **입법 규제가 연봉에 영향을 준다. 연봉이 높을수록 많은 세금
> 이 부과되는 나라도 많다. 입법 규제를 알아두어라. 각국의
> 입법 중에 임금, 세법 관련 법을 공부하라.**

한 국가 내의 입법 규제로 임금이 영향을 받는 분야도 있다.

이것을 소위 입법 규제(governmental regulation) 요인이라고 한다.

임금을 바로 올릴 수 있는 것은 아니다. 입법 규제에 의해서 임금
규정을 받는 경우가 있다. 공무원 임금이 그렇다. 군인 임금도 그렇
다. 입법 규제를 받는다. 수익성이 올라갔다고 함부로 인상하지는 못
한다.

10년 후의 연봉을 생각하라. 동시에 입법 규제가 임금에 주는 영향
도 생각하라.

개인 기업은 연봉 규정이 안 지켜질 수도 있다. 기업의 재정 상태
가 악화될 경우 안 지켜질 수도 있다. 약정한 대로 임금이 지불되지
않는 경우도 있다.

임금만큼 경기의 영향을 받는 변수도 찾기 어렵다. 임금은 경기적
요인에 의해서 심한 영향을 받는다.

입법 규제를 유의하고, 체크하라. 고액 연봉자로 진출하려면 국회 입법 규제, 새로운 법률 등을 체크하라. 그리고 규제 내용이 무엇인가를 파악하라.

입법 규제는 같은 조직 내에서도 이뤄진다. 여기서의 입법은 국회에서 제정된 법만을 의미하지는 않는다. 사내 규정도 포함한다.

연봉은 같은 일을 하는 같은 회사, 같은 직급의 직원이라도 다를 수 있다. 바로 일하는 곳의 물가 수준의 차이 때문에 이러한 현상이 생긴다.

UN의 예를 들어 알아보자. 제네바에서 근무하는 직원의 연봉이 북경에서 근무하는 직원의 연봉보다 높다. 그 지역의 물가 수준 때문이다. 제네바의 물가가 북경의 물가보다 높다. 거주지의 생계비 때문에 이러한 연봉 체계를 갖추고 있는 것이다. 생계비 요인을 생각하라. 연봉 협상에서 생계비는 주요한 지표이다.

연봉 시스템을 파악하라

> **장래 직장에서의 연봉 시스템의 포인트를 파악하라. 일의 세상이 변하는 것을 주의하라.**

미래를 여는 연봉 시스템 포인트 중의 하나는 자본이 존재한다는 점이다. 자본은 저축으로 구축된다. 개인에게서도 마찬가지다.

연봉으로 저축하기란 쉽지 않다. 하지만 연봉을 잘 활용해서 많은 돈을 저축하는 직장인들이 증가하고 있다. 이들 중에는 금융 회사 PB(Private Banker : 금융 전문가)들의 컨설팅을 받는 사람도 있다. 이들의 전문적인 자문으로 자신이 번 액수보다 더 자산을 늘리는 데 성공하는 사람들이 많다.

연봉으로 저축하려면 금융 전문가를 항상 활용하라. 자문료를 주더라도 이런 방식으로 자산 포트 폴리오를 구성하는 사람이 더 많이 저축할 수 있다.

호텔에서는 연봉제를 실시한다. 호텔의 연봉은 직무 경험이 많을수록 올라갈 수 있다. 호텔에서 홍보 전문가의 길을 가려면 인턴십을 경험하는 것이 좋다. 호텔에서의 인턴십도 좋은 방법이다. 반드시 홍보직에서만 경험해야 한다고 해서 유익한 것은 아니다.

스페인의 마드리드에 있는 세라젬 센터 같은 곳에서 PR(홍보)의 일을 해보는 인턴십도 유익하다. 이런 경험을 하면 사람들에게 서비스한다는 것이 얼마나 헌신적인 자세가 요구되는지를 알게 될 것이다.

항공업계 조종사의 연봉도 높다. 기장 중에는 1억 5,000만 원의 연봉을 받는 사람도 있다. 하지만 항공업계의 앞으로의 전망이 반드시 밝지만은 않다. 에어 프랑스가 네덜란드의 KLM을 인수하여 회사 이름을 '에어 프랑스 - KLM'으로 바꾸었다. 또한 전 세계의 226곳을 취항한다. 그만큼 비행기 조종사들은 바빠졌다. 540대의 비행기가 이들의 일터이다. 이들은 협소한 공간에서 일하므로 공간 폐쇄증에 시달린다. 그래서 테니스를 하거나 골프를 해서 공간 폐쇄증을 치유하기도 한다.

미래 연봉 제도의 포인트는 자본 모으기에서 시작될 수도 있다. 자본을 모아서 새로운 삶을 열어 가라. 이것이 자본주의 심화시대의 준비이기도 하다.

연봉 시스템을 알면 고액 연봉이라는 바다로의 항해가 한결 쉬워진다.

비주류적 요소에 맞서라

> 비주류적 요소를 인정하라. 하지만 거기서 머물러서는 안 된
> 다. 정면으로 맞서라. 세상에는 질시가 존재한다. 어느 분야
> 에서도 마찬가지다. 세력 다툼이 있다. 균형적인 연봉으로 가
> 는 데도 그렇다. 이런 질시를 이기는 일은 장인적 자질을 함
> 양함으로써 가능해진다. 자기가 지금까지 가진 주류적 요소는
> 더욱 발전시키고, 비주류적 요소에는 맞서라. 비주류적 요소
> 는 차별 받는다는 상황, 대중적이지 못한 일의 컨텐츠 등일
> 수 있다. 이런 것들은 그 자체로서 존재한다. 이런 것들을 경
> 시하지 말라. 개선시키기 위해서 맞서 나아가라.

목탁을 만드는 장인이 있다. 그는 가업을 자녀에게 승계하고 있는
중이다. 김종성 씨가 바로 그 사람이다. 목탁을 만드는 일은 생각만
큼 쉬운 일은 아니다. 연봉이 높은 직업도 아니다. 하지만 그는 그 일
이 좋아서 한다. 그 일을 통해서 자기를 실현한다. 김종성 씨의 둘째
아들인 김학천 씨가 그 일을 배우겠고 했단다. 호텔의 일류 요리사
자리를 내놓고 이 일을 하려고 한다. 아니 이미 시작했다.

목탁의 원재료는 100년 된 살구나무 뿌리이다. 이러한 재료는 구하

기도 힘들다. 이 재료를 그냥 목탁으로 만드는 것이 아니다. 기다림이 요구된다. 다시 3년간 묵히고 쪄야 한다. 그렇게 해서 목탁 재료는 준비되고 다듬어진다. 장인은 마음을 바쳐서 재료를 다듬는다.

붉은 흙을 바른 재료에 들기름이 8번 이상 칠해진다. 하지만 여기서 정성을 멈추는 법이 없다. 소리 점검을 해야 한다. 소리를 들어야 한다. 목탁으로서 소리가 나야 한다. 청명한 소리가 나야 한다. 이렇게 정성을 많이 들여도 장인의 연봉은 적다. 그러나 세월이 가면 연봉은 올라갈 것이다. 이들에게는 연봉보다 더 큰 일의 가치가 존재한다. 그래서 이들 부자는 오늘도 목탁을 만든다. 인류를 위하여.

비주류적 요소에 맞서야 장기적으로 높은 연봉을 보장받을 수 있다.

연봉 협상을 위해
아이디어 창고를 만들어라

　고액 연봉을 받기 위해 가는 과정은 멀다. 협상을 통해서 고액 연봉자가 되려면 아이디어 창고를 만들어라. 매일 일터에서 아이디어를 주워 가공하라. 그리고 창고에 저장하라. 또한 필요할 때마다 적절한 시기에 꺼내서 활용하라. 자기만의 아이디어 창고를 만들어라. 이것이 고액 연봉자로 가는 길이다.

　아이디어가 부족하면 연봉이 상승하기 어렵다. 높은 연봉을 받고 싶다면 아이디어 능력을 키워라. 아이디어를 향상시키기 위한 자기 노력을 소홀히 하고는 연봉 향상은 꿈에 불과하다.

　첫째, 기존의 아이디어를 저장하라. 저장된 아이디어는 함부로 활용하지 말라. 아이디어는 시간만큼 가치가 높다.

　둘째, 새로운 아이디어를 스스로 창조하라. 새로운 아이디어를 스스로 만들지 못하면 성취하기 어렵다. 하물며 높은 연봉은 꿈도 꾸지 말라.

　셋째, 아이디어를 키워라. 새롭게 얻어진 아이디어도 키우지 않으면 안 된다. 키워야 한다. 새 아이디어를 키워가지 않으면 열매를 기대하지 말라. 아이디어를 소홀히 하는 태도를 버려라. 아이디어를 키워라. 인내하면서 키워라.

아이디어 창고에서 높은 연봉의 씨앗을 키워라.

아이디어 창고를 만들려면 선택적 망각증을 극복하라.

선택적 망각증이란 자기 필요에 의해서 말과 행위를 바꾸는 현상을 말한다. 일관성 있는 체계를 유지하라. 이것이 협상을 통해서 고액 연봉자로 항해하는 항해술이다.

첫째, 직계(a hierarchy of jobs)라는 말이 있다. 연봉 협상에서는 직계라는 개념을 알고 접해야 한다.

직계란 직업 계열을 뜻한다. 직업에도 계열이 존재한다. 직업 계열을 잘 찾아가야 연봉 협상에서 유리한 위치에 설 수 있다. 연봉은 협상에 의해서 결정된다. 핵심 역량 목록을 항상 갖고 다녀라. 커리어 체인지를 위한 협상에서 개인별 연봉 테이블에 제시할 연봉 근거를 협상 당사자에게 제시하라. 그러기 위해서는 핵심 역량 목록(core competence manual)을 항상 준비해 둬야 한다.

둘째, 회사에 가져올 이익을 브리핑할 수 있게 하라. 이것은 연봉 협상에서 주요한 영역이다.

셋째, 수행 성취도를 숫자로 보여 주어라. 일에서 자기가 성취한 것들은 경제적 가치, 이미지 가치, 브랜드 가치로 환산해서 말하는 연습을 하라.

직업 계열마다 연봉 테이블이 다르다는 생각을 하라. 컨설턴트들은 연봉이 높은 편이다. 제조업체에서는 이사가 될 시기까지는 연봉이 완만하게 인상된다. 연봉도 높지 않다. 같은 금융인이라도 입사 초기에 한국계 은행의 연봉이 3,000만 원(2003년 기준)이라면 외국계 은행은 2,000만 원 수준에서 시작된다는 것을 염두에 두어라. 하지만 10년 후에는 한국계 은행보다 외국계 은행의 연봉이 훨씬 더 높아질 수 있다.

넷째, 얼마의 연봉을 받고 싶은가에 대한 질문을 받으면 자세히 명확하게 말하라. 이런 태도가 더 경쟁력 있게 보인다. 돈보다는 일이 더 중요하지만 연봉에 대한 본인의 의견을 물을 때는 명확하게 언급해두는 것이 더 좋은 전략이다.

다섯째, 연봉 협상에서는 희망을 숫자로 표현하라. 그러기 위해서는 숫자로 자기 역량의 가치를 미리 계산해 두어야 한다.

연봉에 대하여 미리 컨셉을 정해 두어라. 다만 유의할 사항도 있다. 연봉 협상에서 선택적 망각증을 보이지 않도록 해야 한다. 지난번의 연봉 협상에서 자신이 한 말을 기록해 두어라. 그러면 연봉 협상에서 일관성을 유지해 갈 수 있다. 연봉 협상에 들어갈 때는 아이디어 창고 속의 기록을 읽은 다음 들어가라.

자기 자신을 스스로 꾸짖어라

자기 자신을 자주 질책하라. 자기에게 엄하게 하라. 이것이 고액 연봉자의 전략이다. 연봉 협상에서 허점을 보여서는 안 된다. 단어 하나에도 신경을 써서 협상에 임하라. 이성적으로 냉철하게 연봉 협상에 임하라. 스스로에게 엄격하게 하여 자기 연봉을 협상하라. 협상에서 소홀히 해두고 나중에 회사를 상대로 자신이 소송하는 행태를 보이지 않게 유의하라. 소송 소문이 난다.

연봉이 높은 업종에서는 소송을 당하는 회사가 늘고 있다.

R이라는 외국인이 몇 년 전에 한국에 있는 증권회사에 연봉소송을 제기했다. 연봉소송을 통해서 제기한 내용은 다음과 같다.

"취업 당시에 연봉 계약을 한 대로 연봉을 지급하라. 고정적으로 받는 연봉 1억 5,000만 원을 지급한다. 그 외에 펀드 운용 후 ○○% 이상의 수익률 유지시에 회사에 순이익을 올려준 것의 10%를 추가로 지급하라는 내용의 소송을 제기한다."

연봉을 두고 소송을 제기하는 개인이 늘고 있다. 장기적으로 볼 때 개인에게는 소송이 바람직하지 못한 일이다.

군인들은 후불제적인 성향이 강한 보수 시스템을 갖고 있다. 그래서 20년 이상 일하면 일정 비율의 평생 연봉을 받는다.

　하지만 그렇지 않은 연봉 체계가 더 많다는 것을 알아두어야 한다. 그러므로 연봉을 제대로 확보해서 받는 것은 노후를 위해서도 좋은 일이다. 연봉을 계산하고 계약서를 준비한 경우가 늘고 있다. 이 경우 제대로 연봉을 안 주면 소송을 제기하는 경우도 있다. 그러나 되도록 소송까지는 안 가야 한다. 하지만 지나치게 부당한 대우를 받으면 소송을 할 수도 있다. 높은 연봉을 위해서 자기의 정당한 노동의 대가를 요구하는 것은 당연한 일로 생각하라.

　하지만 자기를 내면적으로 엄격히 다스려 스스로 소송하지 않게 노력하라.

직무 연관 고급 인적 네트워크를 구축하라

직무와 연관된 고급 인적 네트워크력으로 연봉이 정해진다.

연봉이 높은 회사는 있다. 이런 곳에 가라. 그 분야는 바로 금융, 일부 첨단 제조, IT, 컨설팅 분야이다. 이 부분에서 주로 높은 연봉을 지급하고 있다. 이러한 곳에서 높은 연봉을 받기 위해서는 마케팅, 영업분야에서 크고 좋은 인적 네트워크를 갖추는 노력을 해야 한다. 이 세 가지 분야에서 인적 네트워크가 필요하다. 금융회사는 3% 미만의 고객이 예금 실적의 90% 이상을 올려 준다. 그러므로 인적 네트워크를 잘 갖춘 인재에게 고액 연봉이 지급된다. 높은 연봉을 주는 회사를 수소문하라. 그리고 그 정보를 검증하라. 그런 후에 그 회사에서 일을 하라. 연봉은 업종에 따라 달라진다. 하지만 롱런 할 수 있는 연봉 제도가 갖추어진 회사로 가라. 그러기 위해서는 개인 역량이 갖추어져야 한다.

영업 인맥 네트워크를 최고 수준으로 유지하라. 그렇지 않으면 금융인이 되어도 높은 연봉을 받을 수 없다.

직무와 연관된 인적 네트워크를 제대로 구축하지 않으면 높은 연봉을 기대하기 힘들다.

an Annual Salary

연봉 인상을 위한
방법은 이런 것이다

연봉 인상을 위한 방법

- 자신의 직무를 복기(rewriting)하는 습관을 길러라.
- 높은 연봉을 자기 것으로 만들려면 연봉을 주도해야 한다. 적기에 커리어 체인지를 할 수 있는 전환점을 잘 선택하라.
- 건전한 경쟁심을 가져라.
- 기억력을 배가시켜라.
- 슬리퍼 비즈니스 테크닉을 통하여 업적을 쌓도록 한다.
- 유동 부채를 줄이고 분산 포트폴리오 전략을 세워라.

an Annual Salary

컴퓨시어즈가 되어라

베풀어라. 베풀수록 풍요로워진다. 고객이 컴퓨터 통신을 잘하도록 돕는 일을 하는 사람을 컴퓨시어즈라고 한다. 그들의 일은 남을 돕는 것이다.

컴퓨시어즈는 컴퓨터(computer)와 관리인의 의미를 가지고 있는 컨시어즈(concierge)가 결합되어서 생긴 말이다.

PS(profit sharing) 태도를 견지하라. 기업의 이익을 나눠주는 회사가 더 번창한다. 개인도 지혜를 나눠주어라. 나눠줄수록 새로운 역량을 바라는 욕구를 느낄 수 있다. 그러면 더 높은 연봉을 받을 수 있다.

역사가 증명하고 있다. 역사적인 사실이 그렇다. 역사적으로 직원에게 이익을 나누어주는 조직은 강하게 되어 있다. 이익을 독차지하지 않고 나눠 갖는 시대가 온 것이다. 연봉을 통해서 이 부분이 커졌다. 연봉은 이제 주요 구성요소를 바꾸게 될지도 모른다. 그것은 PS의 등장 때문이다. 기업들은 연말에 회사 이익의 일정 부분을 직원들에게 나눠준다. 이것이 바로 PS제도이다.

연봉을 받는 사람들은 이 제도를 통해 고액 연봉자가 된다. 고액 연봉을 통해서 돈을 모은 사람 중에는 PS제도의 혜택을 받은 사람들이 많다.

삼성그룹은 PS제도를 계열사의 형편에 따라서 운용한다. PS제도는 직원들의 회사에 대한 충성심을 고취시키는데 크게 기여하고 있다. 성과가 높으면 담당 팀원들을 해외 여행 시켜주는 회사가 있다.

1902년에 창업된 3M이 이런 회사이다. 이 회사는 팀별 업적을 평가한다. 팀을 통한 업적 평가를 하기 때문에 직원들은 팀의 성장을 위해서 일한다. 그러면서도 모든 개인은 자신만의 기호와 강점을 극대화시키기 위해서 노력한다. 이것이 이들의 연봉을 향상시킨다. 그리고 그것이 회사 발전에 기여한다. 이 회사의 직원들은 1억 원의 연봉을 받으려면 10억 원 이상의 이익을 회사에 줄 수 있어야 한다는 생각으로 일한다. 회사도 창세기 프로그램이라는 재미있는 제도를 운용하고 있다. 직원이 제품 제안을 한다. 만약 이 제안이 채택되어 매출이 생기면 일정한 비율의 이익이 연봉과는 별도로 지급된다. 회사의 이런 제도를 활용하라.

한국3M과 삼성전자의 경우는 사원들에게 이익을 나눠주는 것으로 우수인력을 지속적으로 유지하는 데에 성공했다.

지식을 나눠주는 개인은 더 공부하게 되고 마침내 연봉경쟁에서 승자가 될 것이다.

 an Annual Salary

직무를 복기하라

일터에서 지속적으로 자기 직무를 복기(rewriting)하라. 그렇게 하면 높은 연봉을 받을 수 있다.

미국의 경우 일반 사원들보다 450배나 높은 연봉을 받는 경영자들이 있다. 이들은 전용헬기를 타고 다니면서 일한다. 별도의 샤워 룸이 딸린 사무실에서 일하며, 보디가드의 경호까지 받고 있다.

이들은 경영자 군에 속하는 사람들이다. 이들 경영자들 중에는 직무 복기로 성장해 온 사람들이 많다.

축구 선수 중에도 이런 사람이 있다. 그는 자기가 한 일을 복기하는 습관을 가지고 있다. 일기를 쓰면서 자신이 한 일을 복기한다. 이렇게 함으로써 문제를 찾아보는 습관을 기른다.

복기는 한국의 축구스타 박지성의 습관이다. 어린 시절, 그는 축구를 하면서 그 날의 연습을 그림으로 그려보면서 복기를 했다고 한다. 그러한 습관을 통하여 축구를 더 잘할 수 있었는데 자기 탐색을 하고, 공격 위치 선정의 문제점을 찾기도 하고 수비 위치의 문제점을 보기도 했다고 한다. 다시 그려보는 것은 자신의 능력을 키우는데 도움이 된다. 고액 연봉자의 특징은 복기를 습관화하는데서 드러난다. 고액 연봉자가 되려면 복기하는 습관을 길러라.

복기하는 습관은 연봉 상승을 위한 노력의 열매일 수도 있다.

연봉은 빈부 격차를 만든다. 연봉은 그 자체로 차이가 나게 되어 있는 시스템이다. 박찬호와 이승엽의 연봉은 다르다. 박지성의 연봉은 호나우두의 연봉보다 적다. 하지만 한국의 다른 선수보다는 연봉이 많다. 박지성은 아인트호벤에서 그의 역량을 평가받고 있다. 연봉은 변한다. 그만큼 유동적이다. 유동적으로 변하는 연봉의 포인트를 잘 찾아야 한다. 유동적인 연봉을 생각하라. 그리고 자기에게 유리한 연봉 메커니즘을 만들어 보라. 연봉제는 그 자체로서 얼마든지 자기에게 유리하게 운용할 수 있다. 연봉을 운영한다는 생각으로 일하라. 주어진 연봉만을 받으면 발전이 없다. 연봉의 흐름을 장악하라. 연봉을 체크하고 연봉을 파악하라. 연봉을 통해서 개인의 성장을 기대하라. 연봉을 통해서 역량의 성장을 도모하라. 연봉은 개인의 성장 동력이 되어야 한다.

다시 연상해 보는 복기를 통해서 당신은 고액 연봉자가 될 수 있다.

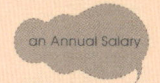

적기에 턴해야 한다

높은 연봉만을 바라고 일해서는 안 된다. 그러나 인간은 높은 연봉을 도외시하고는 의욕을 발휘하기가 쉽지 않다. 높은 연봉을 바라는 것은 인간의 본심이다. 높은 연봉을 마다하는 사람은 없을 것이다. 높은 연봉을 자기 것으로 만들려면 연봉을 주도해야 한다. 연봉을 통해서 개인이 성장하는 것이다. 높은 연봉을 받으려면 전환점에서 반드시 커리어 체인지를 할 수 있어야 한다. 전환점의 포인트를 잘 찾아내야 한다. 회사를 6번 옮기면서 연봉을 보통 1,000만 원 내지 1,500만 원 이상씩 올려서 받은 사람이 있다. 이제 그는 외국 기업의 한국 지사장이다. 그의 연봉은 이제 1억 7,000만 원이다. 이 사람은 30억 모으기에 그만큼 가까이 가 있다.

미국의 직장인의 파워는 연봉의 성장에서 온다. 개인적으로 더 높은 연봉을 받기 위해서 더 창의적인 존재가 되려고 노력한다. 이것은 자본주의를 발전시키는 촉매제가 되고 있다. 연봉의 성장은 개인의 성장을 의미한다. 정당하게 기여하고 대가를 기대하라. 연봉을 통해서 개인의 행복 조건을 만들어 가라.

소비자의 정서를 파고들라

소비자의 정서를 파고들어야 한다. 정서에서 이기는 힘을 찾아라. 소비자의 정서 변화를 파악한 선거전략가는 고액 연봉자가 된다. 가수도 마찬가지이다.

한국에는 트롯 가수가 350명 정도 있다. 2002년에는 170명 정도 있었다. 1년 사이에 50% 정도가 증가했다. 이유는 뭘까? 트롯 애호가들이 MP3 불법복제를 안한 탓일까? 그렇다고도 할 수 있다. 다른 이유도 있다. 무슨 이유일까?

바로 한국 고유의 정서를 사랑하는 소비자들이 증가했기 때문이다. 한국의 가요시장은 더 성장하게 될 것이다. 가요시장이 성장하면 무슨 현상이 파생될까?

트롯 가수 중에서 억대 연봉자가 늘어날 것이다. A가수는 한 업소에서 5억 원을 받는다. 여기에서의 연봉은 1주일에 며칠 출연하고 1년에 그렇게 받는다는 것을 의미한다. 연봉은 가수의 인기로 정해진다. A트롯 가수가 그 업소에 출연한다는 사실이 손님을 몰고 온다. 이것은 매출 증가를 의미한다. 매출 증가는 순이익 증가를 가져온다. 순이익을 증가시키는 데 기여한 만큼 연봉은 올라간다. 5억 원의 연봉을 받는다고 해도 큰 금액이 아닐 수 있다.

B라는 가수는 가끔씩 텔레비전에 출연한다. 인기 관리 차원이다. 이미 그는 대중적인 인기를 얻고 있다. 하지만 현역이라는 이미지를 유지할 필요가 있다. 그래서 1시간짜리 명절 프로그램에 출연한다. 자기의 콘서트 같은 형식으로 프로그램이 만들어진다. 대가가 되면 연봉은 오른다. 이것이 트롯 가수의 직업생리이다. 이렇게 되려면 그 만큼 본인의 노력이 뒷받침되어야 한다. 직접 기타 연주를 할 수 있 거나 작곡을 하면 더욱 좋다. 여기에서 가요 소비자의 정서를 파악하 여 자신의 아이디어를 바탕으로 작사를 하면 금상첨화이다.

연봉 컨셉은 대중적인 일에서 더 승산이 높다. 대중은 소비자이다. 소비자 층이 넓고 깊을수록 좋다. 대중이 자기 노래를 선호하면 유리 한 조건으로 업소와 연봉을 계약할 수 있다. 호텔의 업소와도 계약을 할 수도 있다. 트롯 가수는 앞으로도 한국에서 할 일이 많다. 한국의 가요시장은 트롯의 황금시장이다. 분단의 고통 속에서 사는 한국인 의 삶은 트롯을 통해 정서적 유대가 심화될 것이다.

고액 연봉은 멀리 있지 않다. 우리 주위에 있다. 그러기에 그것을 잘 발견하는 안목이 필요하다.

대학에서 어문학부를 전공한 사람이 있다. 그는 자신이 고액 연봉 자가 되기를 희망한다. 그에게는 글재주가 있다. 졸업 후 스포츠 신 문사에 취직한다. 연예부 기자로 2년 정도 일한다. 취재중 드라마 PD 들을 다수 알게 된다. 그들과 평소 가지고 있던 생각을 주고받는다. 그리고 드라마에 조역으로 출연한다. 결국은 탤런트로 전직한다. 1년 정도 연기를 배우며 드라마에 출연한다. 조역이다. 조연도 아니다. 영화 출연 제의도 받는다. 영화도 하다가 교양 프로도 진행한다. 그렇게 5년 정도 지난다. 인고의 세월이 지나간다. 드디어 드라마의 주연을 맡는다. 이제 그는 광고 모델을 바라본다. 이렇게 되면 고액 연봉자가 될 것이다. 7년여의 세월을 기다린 그는 성공의 열매를 거둔다. 고액 연봉자를 눈앞에 둔 것이다. 한국 고유의 정서를 연기에 담기 위해 그는 오늘도 공부하고 있다. 이처럼 소비자의 정서를 파고들면 고액 연봉이 보인다. 그러므로 각 분야 소비자의 정서 파악하기를 부지런히 해야 한다.

높은 연봉은 그만큼 비판이
거센 곳에 있다

높은 연봉을 받는다는 것은 비판이 거센 곳에 서 있음을 의미한다. 높은 연봉은 그 대가가 있다. 높은 연봉을 받는 사람은 비판을 견뎌야 한다. 대통령이란 자리가 바로 그렇다. 회사 CEO도 그렇다. 소유자이자 경영자가 아닌 한 비판이 거세다. 따라서 상하간 커뮤니케이션을 원활히 할 수 있는 능력을 기른 후 고액 연봉자가 되기를 희망해야 한다. 그렇지 않으면 힘들다. 자기의 연봉이 높다고 좋아만 할 일은 아니다. 고액 연봉자들은 해마다 업적을 통해서 치열한 평가를 받는다. 주주들에게서 별로 좋지 않은 평가를 받았다면 다른 직업으로의 전환을 고려해야 한다.

대통령들의 연봉은 높다고 단정할 수 있을까? 그렇다고 하기 어렵다. 한국의 대통령은 1억 원 정도의 연봉을 받는다. 거기에 전용 비행기와 차, 청와대라는 하우징, 경호조직, 판공비 등을 모두 합치면 고액 연봉자가 된다.

비판을 견디는 일에 자기 수련을 하라. 비판을 견디는 훈련을 해야 고액 연봉자가 될 수 있다.

숙련된 태도를 보여라

> 사내에는 이슈가 많다. 이런 이슈에 숙련된 태도로 일하라.
> 이슈를 너무 부정 에너지로만 말하지 말라. 이슈의 긍정 에너
> 지화를 위해서 힘써라. 이것이 고액 연봉자로 가는 사람의 태
> 도이다.

직무 타입별로 보자. 연봉은 직무 타입에 의해서 달라진다. 휴대폰
CF에서 보는 기업의 이미지 고양은 텔레비전 광고 못지 않게 될 것
이다. 이런 여건에서 CF 광고 가치는 높아진다. 회사들은 이 점에 착
안한다.

사람들은 매일, 매시간 휴대폰을 켠다. 그리고 휴대폰을 열 때마다
광고를 본다. 이것이 광고 소구 효과를 극대화하는데 도움이 된다.
광고 소구 효과를 극대화하기 위해 기업은 신경을 쓴다. 광고 소구
효과는 광고 영향력이다. 광고 후에 상품을 구매하는데 준 영향력이
광고 소구 효과이다. 광고 소구 효과가 높을수록 광고 모델료는 올라
간다. 휴대폰 CF 모델이 텔레비전 광고 모델보다 연봉이 더 높아질
수 있다. 휴대폰 CF 모델이 되기 위해서 스타의 매니저들이 뛰게 될
것이다.

이서진이란 탤런트가 있다. 그는 내면의 연기력이 좋다. 여러 감정을 연기하는데는 이서진이 적격이다. 이서진은 은근한 표정이 탁월하다. 그래서 여성들에게 인기가 있다. 이서진의 이런 캐릭터가 광고주의 마음을 움직인다. 그가 모 휴대폰 CF의 광고 모델이 되었다. 여기서 그가 받은 개런티는 2억 5,000만 원이다. 적은 금액이 아니다. 그래도 휴대폰 회사는 그를 선택했다. 광고 소구 효과를 위해서이다. 그가 지닌 캐릭터가 휴대폰 광고에서 적합하다고 판단했기 때문이다.

이서진은 드라마에서 이슈에 대하여 항상 숙련된 태도로 접근하는 연기력을 보인다. 이슈에 대한 숙련된 태도는 연기 세계에서만 필요한 것은 아니다. 일하는 현장에서도 필요하다. 경영자들은 이슈에 대한 숙련된 태도를 가진 사람을 더 가까이 두려 한다. 그러므로 고액 연봉자가 되려면 이슈에 대하여 숙련된 태도를 보이도록 하라.

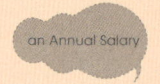

건전한 경쟁심을 가져라

좋은 경기력이 돈이다. 좋은 경기결과는 건전한 경쟁심에서 온다. 경쟁심이 부족한 사람이 높은 연봉을 받기는 어렵다.

항상 고액의 연봉을 자기 것으로 생각하라. 고액 연봉자가 되기 위해서는 운동선수라면 경기력 향상을 위해서 힘써야 한다. 연기자일 경우는 연기력 향상을 위해서 노력을 기울여야 한다.

연봉으로 10억 원을 모으려면 항상 10년 후의 연봉을 구상하라. 그리고 그 구상을 바탕으로 기획하라. 정당한 연봉은 받되, 부정한 돈은 절대 가까이 해서는 안 된다. 높은 연봉을 희망하는 사람은 재물에 대한 생각도 깨끗해야 한다. 연예인 중 2003년 기네스 북에 오른 최고 연봉자는 누구일까? 바로 미국의 영화배우인 카메론 디아즈이다. 그녀의 연봉은 2,220만 달러이다.

그녀는 선의의 경쟁심으로 일한다. 배우의 연기는 스킬(skill)이다. 그것은 연봉 컨텐츠이다. 연봉만을 생각하고 일한 결과는 아니다. 자기 일을 좋아해서 나온 결과이다. 자기 일에 몰입해서 나온 결과이다. 일에 몰입하라. 그러면 고액 연봉자가 된다. 집중하라. 그러면 고액 연봉 능력자로 성장한다.

정민태를 보라. 그는 야구에 집중한다. 야구 투수로서 몰입한다. 야구 투구를 연구한다. 야구 투수를 자신이 집중할 일로 정한다. 연봉 향상을 위해서는 몰입해서 일할 수 있어야 한다. 일에 몰입하면 즐거움이 생긴다. 일에 몰입하면 연봉 협상에서 유리하다. 자신의 능력이 향상되는 것을 느낄 수 있기 때문에 그렇다.

　사람들은 정민태를 통해서 야구를 즐긴다. 그리고 선의의 경쟁심으로 야구를 즐기는 대가로 그에게 고액의 연봉을 지급하고 있다. 정민태는 이제 집중적인 훈련의 대가를 받은 것이다. 야구를 통해서 그가 바친 열정은 연봉으로 되돌아 온 것이다. 명성과 연봉은 이 경우 비례한다. 다만 세상의 모든 직업에서 연봉과 명성이 비례하는 것은 아니라는 사실을 명심하자.

연봉은 야누스적 얼굴을 갖고 있기도 하다

높은 연봉을 보면 야누스적인 모습을 보이기도 한다. 연봉이 높으면 그만큼 스트레스도 심하다. 이런 상황은 다양한 종류의 직업에서 나타난다.

김들이 춤을 춘다. 바닷속 김들이 춤을 추는 모습이다. 검정 김이 춤을 추는 모습은 장관이다. 춤추는 현장에서 본다. 춤추는 현장에서 보니 누가 오더라. 오는 사람은 흰색의 의상을 입었더라. 흰색의 옷을 입은 사람은 다른 사람이 아닌 앙드레 김이더라는 조크가 있다.

패션의 대가 앙드레 김의 연봉은 얼마일까? 그는 자신의 브랜드를 지닌 사람이다. 직업적 브랜드가 강한 사람이다. 앙드레 김을 통해서 사람들은 그의 캐릭터를 느낀다. 공개되지는 않았지만 앙드레 김도 높은 보수를 받는 것은 분명하다.

높은 연봉에서는 리스크도 존재한다는 것을 명심하라. 따라서 긴장을 풀어서는 안 된다. 이것이 높은 연봉을 향하는 항해사의 태도이다.

연봉의 야누스적인 얼굴 앞에서도 인내하라. 높은 연봉은 야누스적인 얼굴을 갖고 있다는 점을 이해하라. 높은 연봉으로 항해하려면 야누스적인 모습에 익숙해지기 위해서 높은 파도 속에서도 승선할 용기를 지녀야 한다.

기억력을 배가시켜라

기억력을 배가시키는 연습을 하라. 그것이 고액 연봉자로 가는 핵심적인 방법이다.

기억력 배가를 위해서 무엇을 해야 하는가?

첫째, 기억의 시간을 확보하라. 하루 중 1시간 이상은 재충전하는데 시간을 보내라. 우선 1시간 이상을 먼저 확보하라. 이 시간은 재충전을 위한 절대시간이다. 이 시간을 침해당하지 않도록 하라. 진정으로 고액 연봉을 받으려면 시간 확보가 중요하다.

둘째, 직무 연관 자료 기억 향상에 시간을 집중하라. 데이터 기억 향상을 위한 연구에 몰두하는 것도 한 방법이다. 기억력을 한 가지 심화시키기 위해서 노력하는 것도 좋다.

연봉은 그냥 상승하지 않는다. 적극적인 준비를 통해서 더 많이 상승될 수 있다. 직무능력은 자기가 맡게 될 직무분석을 통해서 진행하라. 진정한 직무분석을 하라. 그리고 그것을 향상시킬 대안도 찾아라.

대안을 찾았으면 대안을 행하라. 직무능력 향상을 위해서 시간 집중하기를 지속적으로 하라. 일시에 성과가 나타나지는 않을 지도 모른다. 하지만 인내하라. 참으면서 지속적으로 직무능력 향상을 위해서 노력하라. 기억력 향상을 위한 자기투자는 직접적일수록 좋다.

셋째, 기억에 유리한 두뇌 운용 고지를 선점하라. 그것은 자신이 속한 조직의 핵심 컨텐츠 수행력을 키우는 데서 출발한다. 그 직무의 핵심 컨텐츠를 파악하라. 그렇게 함으로써 핵심 컨텐츠 수행에 다가가라. 연봉에서 유리한 고지는 멀리 있지 않다. 바로 우리 주위에 있다. 주위를 살펴보라. 우리 주위에 바로 기억해야 할 핵심 컨텐츠가 널려 있다.

레오나르도 다빈치는 유화로 그림을 그렸다. 그가 그린 그림으로는 '성모와 실패(Madonna With Yarnwinder)'가 있다. 그 그림은 시가 564억 원의 가치를 가지고 있다. 그림이 그렇게 비싸다. 이 그림이 최근에 도난 당했다. 다빈치가 살았던 당시에는 저가의 가치였지만 몇 백년이 지난 지금은 그의 노동 작품이 고가의 가치를 가지게 된 것이다.

기억을 재충전하지 않으면 고액 연봉자가 되기는 어렵다. 고액 연봉자가 되기 위해서는 매시간, 매분 기억을 재충전해야 한다. 미국의 재무 장관을 지냈던 모 씨는 하루에 90분 정도씩 새로운 지식, 기억해야 할 데이터의 충전을 위해서 새로 출간된 책 읽기를 습관화했다. 그는 이미 상당한 부를 축적했다. 연봉으로 돈을 모은 것이다. 그가 한 것은 기억력 재충전 노력이다. 그 노력을 지속적으로 해온 것이다. 기억력 배가를 향한 땀이 그를 고액 연봉의 자리로 오르게 만든 것이다.

슬리퍼 비즈니스 테크닉

업무 협조, 전략 제휴를 위해서 관련 있는 곳을 부지런히 방문하는 일이나 기술을 슬리퍼 비즈니스 테크닉이라 한다.

슬리퍼 비즈니스 테크닉(slipper business technic)은 고액 연봉을 향해 나아가는 사람들에게 더욱 필요한 기술이다. 슬리퍼 비즈니스 테크닉을 구사할 때는 가능한 미리 전화를 해서 방문하고, 다른 사람의 일의 흐름에 지장이 안 가게 해야 한다.

업적을 통해서 연봉이 올라간다. 업적은 필요하다. 물론 공무원의 경우는 다르다. 업적만으로 연봉이 올라가는 것이 아니다. 승급이 되면 연봉은 오른다. 호봉이 늘어나도 연봉은 오른다. 이런 경우 외는 업적이 연봉 상승의 척도다. 업적으로 연봉 협상이 된다. 업적은 회사에 이익을 준 경우이다. 이익을 준 것으로 업적이 쌓인다.

업적과 연봉은 반드시 비례하는가? 그렇지는 않다. 업적이 높아도 연봉은 적을 수도 있다. 하지만 연봉이 업적에 정비례하는 회사는 발전하게 되어 있다. 6개월마다 연봉 협상을 하는 회사도 있다. 보통은 1년마다 연봉 협상을 한다. 업적을 평가해서 연봉 협상을 한다. 지난 업적이 평가의 주요한 기준이 된다. 슬리퍼 비즈니스를 하면 업적은 향상될 것이다. 연봉은 업적을 상정한다. 상정된 연봉은 연봉계약서로 표현된다. 인터뷰에서 연봉에 대한 의견을 묻는 경우가 많다. 연봉계약은 미리 협의된다.

　한 신문사가 신문 연재 만화가를 스카우트한다. 신문 연재 만화가 A씨는 고액 연봉의 조건을 제시한다. 아울러 별도 계약도 제의한다. 스카우트 당시에 연봉과 별도의 계약을 요구한다. 이렇게 하여 돈을 더 받는 것이다. 스카우트에 응하는 대신 별도로 보수를 받는 것이다.
　메이요 병원, MD 엔더슨, 존스 홉킨스 병원 같은 곳에서는 글로벌한 평가를 받는 의사들을 어디서든지 고액 연봉으로 스카우트 할 준비를 한다. 병원을 보건으로만 보는 한국에서는 상상하기 어려운 일이다. 병원을 산업으로 보는 나라에서나 가능한 일이다. 이제 연봉은 의료인에게도 하나의 관심사항이다. 첨단 고부가치 산업인 의료 산업의 성장은 미래의 일이다. 협력을 더 받아야 할 의사, 공무원의 직무에서 슬리퍼 비즈니스가 필요하다. 이제 많은 부문의 공직도 업적에 의해 연봉이 올라갈 것이다.

환상을 갖지 말라

연봉에 대한 환상을 버려라. 어떤 직업도 영원하게 연봉이 높은 직업은 없다. 연봉은 변한다. 의사가 지금은 다소 높은 연봉을 받아도 앞으로는 연봉이 변할 것이다. 저출산의 시대상황에서는 의사의 연봉이 높을 수만은 없다. 더구나 의사 숫자가 지속적으로 늘어나는 상황에서는 더욱 그렇다. 한편으로는 의료 산업을 보건으로만 생각하는 사회에서는 연봉 상승이 어렵다.

의료 산업을 영리 산업으로 생각하는 사회에서 연봉이 더 상승하게 된다. 연봉에 따라서 전공분야를 결정하려는 의사들의 움직임이 파생될 것이다.

비단 의사만 해당되는 것이 아니다. 모든 직업에 대해 연봉 환상은 갖지 말라. 누가 생산직 사원의 연봉이 1억 원이고, 교수의 연봉이 3,000만 원 수준이라고 생각이나 했겠는가? 학력이 높다고 연봉이 높다는 등식은 이제 통하지 않는다.

같은 직업에 종사하는 사람 사이에도 연봉 격차가 있다. 특히 가수들 사이에는 이런 현상이 팽배하다. 노래 한 곡으로 평생 먹고사는 가수가 있는가 하면 10곡 이상의 노래로도 겨우 먹고 살아가는 가수가 있다. 어떤 가수는 음반 1장이 불과 몇 분 만에 몇 십만 장 이상이 팔려서 고액 수입자가 되기도 한다. 한편으로는 제작비도 못 건지는 가수도 있다.

연봉 환상을 갖지 말라. 개인차가 크다. 능력을 높게 평가받으면 수입은 더 많아질 것이다. 평가는 연봉과 관계가 있다.

연봉 환상을 버려라. 오직 한 계단 한 계단 차근차근 올라가는 것이 당신의 연봉을 올리는 지름길이다.

서로 다른 연봉 의식을 갖자

잡 신인류(Job New Mankind)들이 등장하고 있다. 이들 중에는 상당히 많은 인적 자원들이 연봉에 대한 투철한 의식을 갖고 있는 경우가 늘고 있다.

그들은 글로벌하게 성장하고 있다. 이론보다는 순이익을 더 중시한다. 또 남에게 신세지기를 싫어한다. 그들은 합리적인 일이 아니면 이해하려 하지 않으며, 자기 중심성이 강하다. 따라서 집단주의를 배제하려 든다. 개인의 발전을 통한 회사 발전을 추구하는 경향이 강하다. 또한 그들은 성과에 대한 정당한 보상을 원한다. 그리고 처음부터 자기 목소리 갖기를 원한다. 동료라도 똑같이 대우받는 것을 꺼려한다.

기업에 입사하려는 이런 유형의 신세대를 잡 신인류라고 표현하고 싶다.

이들 잡 신인류의 연봉 의식은 열 가지 유형으로 분석할 수 있다.

자발적 유형

이들은 스스로 일을 하려 한다. 자발성이 지나치게 강하다. 이 유형에 속하는 사람은 자발성이 강한 만큼 요구도 그만큼 강하다. 조직에 대한 요구도 강하다. 이들은 연봉에 대한 욕구도 강한 편이다. 강한 연봉 욕구를 갖고 일에 임한다. 이런 유형의 인재를 자기 회사에 머물게 하려면 연봉을 명확하게 제시해 주어야 한다. 이런 유형의 인적 자원들은 명확한 연봉을 알고 일하기를 원하는 경향이 강하다.

안정성 추구형

안정지향성이 강한 젊은이들도 증가하는 추세이다. 이들은 직무 선택에 많은 관심을 기울인다. 또한 이들은 규범적 성격이 강하다. 사회과학을 공부한 인적 자원 중에 이런 경향을 보이는 사람들이 많다. 이들은 정해진 연봉만 받으려고 한다. 그래서 스톡옵션에 대한 관점이 희박한 경우를 많이 볼 수 있다.

이들 유형에는 부모의 직업도 영향을 준다. 공무원, 교사 등의 직업에 종사하는 부모를 둔 사람들은 이런 성향이 강하다. 따라서 신세대를 채용하는 테크닉으로서 부모 등 가계구성원의 직업 분포를 고려하는 것은 과학적인 방법이다.

안정성 추구형 인재들은 관리직을 선호하여 공사 등의 조직에서 일하기를 원하는 경향이 다소 강하다.

안정성 추구형은 높은 연봉보다는 직업적 안정감을 더 중시한다. 그러므로 이런 유형에 속하는 인적 자원들은 일 속에서 권위를 유지하기를 바란다. 지위적으로 높이 올라가기를 바라며, 연봉의 크기보다는 사회적 평가를 더 중요시한다.

창의성 추구형

창의적으로 일하기를 희망하는 젊은이들이 있다. 이들은 처음부터 일터에서 자기 목소리를 낼 수 있는 직장, 창의력을 극대화할 수 있는 직업을 선호한다. 또한 이들은 변화를 선호하며, 변화 속에서 적응하는 것을 즐기는 편이다.

이런 유형의 인적 자원들은 고액 연봉을 원한다. 창의적으로 일하는 만큼 고액 연봉을 희망하는 강도가 강하다.

이런 유형의 인적 자원은 두 부류로 나눠진다. 한 부류는 고액 연봉을 강력하게 바란다. 다른 부류는 창조적으로 일하지만 연봉에는 크게 관심이 없다. 그러므로 이런 이들에게는 연봉을 설계하라는 컨설팅이 설득력을 얻지 못할 수도 있다. 회사가 정해준 대로 받는 것을 당연한 것으로 여긴다. 개인이 의견을 말해서 연봉을 올리는 일에는 관심이 적다. 오직 이들이 관심을 갖는 것은 창의성이다. 창의적으로 일하는데 이들은 관심을 갖는다.

재화 추구형

지나치게 연봉을 의식한다. 이런 인적 자원에게는 연봉에 대해 가감 없이 알려주는 것이 좋다. 이 유형의 사람들은 불분명한 연봉 정보에 답답해하며, 채용과정에서 연봉이 명확하게 밝혀지지 않은 조직에는 가려고 하지 않는다. 이런 스타일의 인재들은 재화를 지나치게 추구하고 물질을 추구하는 경향이 유난히 강하다. 따라서 돈버는 데 목표를 둔다. 이들은 일을 택하는데 있어서 연봉을 알고 싶어하는 의지를 보인다. 아무리 일이 재미있어도 그것을 제1의 원칙으로 삼지 않는다. 연봉을 알아보고 연봉 금액이 마음에 안 들면 그 일을 택하려 하지 않는다. 연봉의 상승속도에도 관심이 많아 연봉이 상승하는 속도가 빠른가, 느린가를 계산하려 한다. 또한 돈 계산이 빠르다. 돈 계산을 해서 수지타산이 안 맞는 일은 처음부터 시작하려 하지 않는다.

문화 추구형

가치를 지향하는 경향이 강하다. 기업의 성장속도보다 기업이 사회에 기여하는 정도를 평가한다. 따라서 이런 유형의 우수인재를 채용하려면 채용과정에서 기업 문화를 보여주어야 한다. 또 이 유형에 속하는 사람들은 일을 평가해서 고르려는 경향을 보인다. 그래서 상업적인 냄새를 달가워하지 않는다. 이들은 가치지향적으로 일하려 하며, 연봉을 말하는 것에 대하여 수줍어 하고 높은 연봉을 원하지 않는 부류가 있다. 하지만 문화 추구형 중에는 고액의 연봉을 받기를 원하는 인재들도 있다. 문화를 추구하는 이들은 비교적 성장 과정이 부유한 사람들이 많다. 그래서 연봉보다는 가치를 더 중시한다.

글로벌 가치사슬 추구형

지구촌 전체를 일터로 상정한다. 다른 나라에서 성장한 경험이 있는 사람들이 이런 성향을 보이는 경우가 많다. 이런 사람들에게는 해외 비즈니스 현장을 알려 주어라. 인터뷰에서 면접관이 이런 비전을 알려주는 것이 이런 성향의 인적 자원을 자기 회사에 유치하는데 도움이 된다.

이 유형의 사람들은 글로벌 하게 일하기를 원한다. 글로벌 환경의 일들은 연봉이 천차만별이다. 연봉을 생각하는 강도가 강한 현상이 이런 인적 자원들에게서 다양하게 발견되고는 한다. 글로벌 가치를 추구하면서 일하고자 하는 사람들은 생각만큼 높은 연봉을 바라지는 않는다. 이들은 낮은 연봉이라도 일 속에서 글로벌 가치를 실현할 수 있다면 기꺼이 일을 선택하려 한다. 글로벌 가치 사슬형들은 다른 나라에서 하는 일을 좋아한다. 새로운 체험을 하면서 여러 나라에서 일하는 것을 즐기려 한다. 그리고 지구적으로 생각한다. 글로벌 가치가 있는 일을 즐긴다.

지위 추구형

지위를 추구한다. 공직을 선호하는 경향이 강한 인적 자원이다.

지위추구형은 승진 비전을 알고 싶어한다. 이들의 연봉의식은 약한 편이다. 그래서 지위추구를 향한 노력을 하는데 더 정성을 기울인다. 또 조직이 수직구조인 것을 좋아한다. 이들은 장교를 지망하려는 경향을 보이기도 한다. 장교들은 후불제 임금제도를 가지고 있다. 20년 동안 일하고 근무시의 약 70~80%에 해당하는 평생연금을 받는다. 재직중에는 공무원 연봉을 기준으로 임금을 받는다. 이들은 다른 직업 군에 비하여 특이한 제도를 가지고 있어 계급 정년이란 것이 있다. 계급 정년은 엄격히 적용되고 있으며 계급에 의해서 연봉도 달라진다. 이들에게는 고액 연봉을 추구하려는 경향이 비교적 약하다. 주어진 일에서 지위를 추구한다. 보다 높은 지위를 얻는 것을 중시한다.

기술 추구형

기술을 중시한다. 회사의 교육 체제를 주로 평가해서 직장을 선택하려는 경향을 보인다. 연수프로그램, 지속적인 교육시스템에 점수를 주는 스타일이다. 또 기술을 보수의 기준으로 생각하고 기술의 수준 향상을 우선적으로 고려한다. 연봉보다는 기술 교육프로그램을 주로 보기 때문에 기술 향상에 도움이 되면 처음 연봉이 다소 낮아도 선택한다. 기술의 수준 정도에 관심이 많아 기술 학습을 통해서 능력 향상을 도모한다.

봉사형

헌신하는 것을 일로 보는 경향이 강하여 높은 연봉을 추구하지는 않는다. 일을 통해서 조직과 사회에 기여할 수 있는가가 이들의 주된 관심사이다. 이런 인적 자원은 연봉에는 큰 관심을 보이지 않는다. 헌신성을 일의 선택 지표로 삼으며 헌신을 통해서 가치를 느끼려고 한다. 헌신을 하면 그것으로 일하는 1차적인 만족을 이룬다고 생각한다. 의지적인 인적 자원이다. 이들의 생활 속에는 자기헌신성이 있다. 봉사형의 인적 자원은 연봉이 너무 올라가는 것도 부담스러워한다. 봉사하면 그것이 자기실존의 의미를 고양시킨다고 생각한다. 명예심보다는 동류의식을 더 지향하는 경향이 강하다.

주인공 추구형

일 속에서 자기가 주인공이기를 원한다. 프로를 지향하며, 지배력이 강한 성향의 인적 자원이다. 처음부터 자기 목소리 내기를 희망한다. 이들은 높은 연봉을 추구하며, 연봉이 올라가는 것을 즐기려는 경향을 보여준다. 또한 높은 연봉을 통해서 자기 과시를 하려고 한다. 주인공을 지향하기 때문에 이들은 역량을 높이기 위한 투자비용을 생각한다. 이들의 최대 관심사는 연봉이다. 아무리 일의 의미가 커도 연봉을 우선 생각하며, 허영심이 강해서 연봉이 낮으면 일의 의미가 크지 않다고 생각한다.

당신은 이 열 가지 유형 가운데 어느 유형에 속하는가? 이것을 고려하라.

주체적인 삶을 강화하라

자기 자신이 주인이다. 자기가 주인이라는 생각이 당신을 고액 연봉자로 만들어 줄 것이다.

연봉 문제는 이제 주체적인 삶의 강화에 핵심적인 요소이다.

타인으로부터 불필요한 간섭을 받지 않고 생활하는 것을 주체적인 삶이라고 한다. 주체적인 삶을 강화하면 연봉은 올라간다.

인간은 주체적인 삶을 누릴 자격을 지니고 자라났다. 하지만 물질적인 지원을 통해서 지원 받은 쪽은 지원한 쪽에서 간섭하는 것을 느끼게 된다.

연봉은 주체적인 삶의 강화에 도움이 된다. 주체적인 삶을 위해서는 어느 수준의 연봉이 뒷받침되어야 한다. 훌륭한 뜻을 펴려고 해도 일정한 수입이 보장되어야 한다

한 인간이 성장해서 자립하는데는 주체적인 삶의 조건이 필요하다. 주체적인 생활을 위해서는 몇 가지 원칙이 유지되어야 한다.

주체적인 생활을 위해서는 재정적으로 자립할 줄 알아야 한다. 자기의 채무를 최소화하고 가능한 빚을 한푼도 안 지는 흑자 체제를 처음부터 수립, 유지해야 한다.

삼성태스코는 영국의 태스코라는 회사가 삼성과 합자한 유통회사이다. 이 회사는 본질, 감동 경영을 모토로 삼고 있다. 이런 회사에서 일을 시작하는 것은 주체적인 삶의 확장에 도움이 된다.

회사가 철학을 갖고서 비즈니스를 하는 곳으로 진출하라. 그러면 주체적인 삶을 유지하는데 도움이 될 것이다.

주체적인 삶의 태도를 견지하라. 이것이 당신을 높은 연봉으로 이끌 것이다.

유동 부채를 줄이고
분산 포트폴리오 전략을 세워라

연봉으로 승부하려는 사람들은 유동 부채를 줄여야 한다. 1년 이내에 갚지 않으면 안 되는 유동 부채를 줄여라. 그보다는 유동 부채(current liablities)를 만들지 않는 것이 더 현명한 방법이다.

주체적인 삶을 경영하려면 자기 재정 전략을 세워라. 투자는 분산해서 하라. 한 곳에 모아두지 말라. 상황 변수가 크다. 분산해서 투자하면 연봉으로 큰돈을 모을 수 있다. 돈이 모아지면 함부로 낭비해서는 안 된다. 연봉으로 부자가 되려면 단 한 자루의 볼펜이라도 낭비하는 버릇부터 고쳐가야 한다. 낭비의 버릇을 고치지 않고, 연봉으로 부자 되기를 꿈꾸지 말라.

돈이 모아지면 함부로 낭비하지 말라. 낭비하지 않으면 돈이 된다. 돈이 모아지면 자금화한다.

첫째, 일정 수준이 되면 아파트 등 환금성이 높은 부동산을 구입한다. 그리고 전세를 놓는다. 이때 욕심을 부려서는 안 된다. 전셋돈은 이자 없는 돈이다. 오랫동안 전세를 놓아라. 결혼하기 전에 이것을 하는 것이 좋다. 미래에는 도심지 번화가의 서비스 레지던스(serviced residence)형 주거시설에 투자를 하라. 그렇게 하면 높은 값으로 상승할 것이다. 도심지일수록 좋다. 이런 주거시설은 이자보다 오르는 폭이 더 크다.

둘째, 채권을 구입하라.

좋은 조건의 채권을 구입한다. 채권을 잘 구입하면 이익을 남길 수 있다. 필요하다면 채권 전문가에게 자문을 받는다. 자문료를 아까워할 필요는 없다.

셋째, 미래를 보고 주식을 사라.

미래 주를 산다. 조기에 이익을 보기보다는 멀리 내다보고 주식을 산다. 청년기의 불룸버그가 5년 정도를 내다보고 미래 주를 사듯 미래 주를 산다. 기술 개발을 열심히 하는 회사의 주식을 구입한다. 이것이 주식에서 돈을 모으는 하나의 방법이다. 그리고 오랫동안 두어라. 일시적인 이익보다 미래의 이익을 본다. 5년 정도 지나면 주식이 오를 것이다. 단, 빚을 내서 주식을 구입해서는 안 된다. 사람이 돈을 따라다녀서는 안 된다.

적직 평가에 대비하라

적직 평가를 준비하라. 신입이든 경력이든 높은 연봉을 바라면 지금 채용이 있는 직종에서 자기가 가장 적합한 인재임을 증명하라. 만약 자신의 능력이 부족하면 보완하라.

연봉은 적직(適職) 채용 인터뷰에서 기초가 결정된다. 고액 연봉을 미래적 관점에서 바라보라. 연봉은 다양하다. 연봉 수준은 채용 인터뷰에서 결정된다.

연봉은 회사의 의사, 본인의 의사, 본인의 역량 평가가 결합되어서 정해진다. 매년 연봉이 오르더라도 첫 연봉을 잘 받아야 오르는 폭이 클 수 있다.

시티은행의 경우 동료 사이라도 연봉이 각각 다르다. 같은 학력에, 같이 입사한 동기라도 개별적으로 연봉이 다르다. 그러나 이 사실을 서로 알지 못한다. 오히려 연봉을 묻는 것이 어색하다. 연봉은 프라이버시이다.

연봉에 대한 질문은 채용 방식에 따라 다르다. 기업의 채용 방식의 다양성에서 온다. 기업마다 연봉이 다르다. 또한 하는 일에 따라 연봉이 다르다. 긴장의 원칙을 유지해야 하는 이유는 연봉이 다르기에 그렇다. 연봉을 향상시키기 위한 전략을 짜라. 그리고 자기 전략으로 임하라. 자기 전략을 잘 짜면 조금이라도 연봉을 향상시켜갈 수 있다. 연봉의 연속성에 주의하라. 연봉이 얼마나 연속적으로 진행되는가를 보라. 연봉의 연속성이 높을수록 유리하다. 연봉의 연속성을 통해서 자아를 발전시켜 가라. 연봉에 대하여 민감하라. 하지만 멀리 보라. 멀리 보고 일하라. 이 경력을 가지면 연봉 변화는 어떤 행태를 갖게 되는가를 전망하라. 긴장하라. 높은 적직 연봉에 대한 생각을 키워라.

잡 신인류의 등장은 회사의 인재 채용방식에서 연봉 협상을 앞두고 어디에 평가 초점을 둘 것인가를 생각하게 한다.

첫째, 연봉을 미리 밝히고 채용 과정을 거쳐가는 것이 바람직하다. 적직 평가를 그 주요 흐름으로 정하는 것이 합리적이다. 채용 직종에 적합성을 가장 중시하는 평가방식이다. 기업들은 적직 평가를 채용의 핵심 키워드로 생각하고 있다.

둘째, 시장 리딩력(marketing leading power)을 중시하려는 경향을 강화해야 한다. 회사들은 저성장 경제하에서 영업력을 모든 직종에서 요구하는 추세를 강화하면 보다 역동적인 인재 이익을 볼 수 있다.
마케팅 지식이 없는 연구개발자들을 이제는 선호하지 않을 것이다. 이들은 기업에 이익을 가져오기 어려울 것이다. 소비자를 파악하는 능력을 평가함이 좋다. 클라이언트를 섭외하는 능력을 평가하는 것도 필요하다.

셋째, 디지털화된 직무능력 평가를 강화한다. 직무 과정이 디지털화된 기업이 많아지면서 이 능력이 중점적으로 평가되어 연봉이 결정된다.

자신의 적직 평가력을 키우면 그 어떤 인력 소싱 환경에서도 적응이 가능하다. 인력 소싱(human sourcing)을 보라. 인력 소싱은 사내 추천을 받아서 채용이 진행되는 경우가 다르다. 공개채용을 하되 서류 심사, 인터뷰를 진행하는 경우가 다르다. 필기 시험을 거친 후 인터뷰하는 경우가 다르다.

면접관에게 인터뷰하는 인력의 소싱에 대하여 명확히 알려줄 가치가 있다. 사내추천을 받은 경우가 있다.

이 경우는 왜, 어떤 점을 보고 그 인력을 추천했는가를 자세히 분석하라. 또 추천 이유가 합당한 지를 보라. 이번에 채용하는 사람이 직무를 수행할 능력이 있는 사람인가를 보라. 사내추천시에 면접관이 온정주의에 젖어서는 안 된다. 한 사람을 잘못 채용하면 회사의 성장에 정체 요인으로 작용할 수 있는 가능성이 크다. 이 점을 인식해서 면접관들이 이런 소싱에서 추려진 인적 자원에 대한 인터뷰를 하는 경우는 온정주의를 배격하는 노력을 강조하라. 사내에서 면접관 교육을 별도로 시키는 것이 필요하다. 사내추천을 받은 인적 자원을 인터뷰한다고 하자. 먼저 누구의 추천인가를 면접관들이 알게 해서는 안 된다. 이 경우는 블라인드 인터뷰(blind interview)를 철저히 하라. 이 경우도 자신이 바라는 희망 연봉을 당당히 밝힌다.

공채의 경우에는 서류를 자세히 보고 질문한다. 이 경우에는 구체적으로 희망 연봉을 묻기도 한다. 그러므로 미리 업계의 평균 연봉을 알고 가라. 서류 기재 사항의 오류를 발견하도록 면접관에게 주지시킬 가치가 있다. 수강한 과목을 분석하게 하라. 면접관이 수강한 과목의 탐구를 하게 한다. 이 경우는 채용 직무 적합성 평가에 도움이 된다. 서류에 기술되지 않은 특이점은 없는가를 보게 하라. 면접관이 기술하게 하라. 직무능력과 상관이 없는 질문은 면접관에게 피하게 하라. 신세대 구직자들이 자존심을 상하게 하는 것으로 느끼는 질문은 해서는 안 된다. 적직 평가에 대비하라. 그래야 채용 과정에서 초기 연봉을 유리하게 책정받을 수 있다.

언어 선택을 주의하라

고액 연봉자의 위치에 올랐다고 해서 오만하지 말라. 자칫하면 잘못 말한 한마디 때문에 고액의 손배소송에 휩쓸릴 수도 있다.

인터뷰에서 성 차별적인 질문을 하면 이런 상황이 생길 수 있다. 미국은 이런 경우가 많다.

인터뷰는 개인적인 과정이 아니다. 그것은 공적인 과정이고, 공동체의 시스템이다.

채용하는 직종에 연관된 기술, 지식 평가를 위한 다양하면서도 전문적인 내용에 심층적으로 들어가는 질문에 아무리 시달려도 젊은이들은 불평하지 않을 것이다.

개인적인 프라이버시, 성 차별적인 질문은 삼가는 채용 인터뷰 시스템을 위해서 다같이 노력해 가야 할 것이다. 채용 인터뷰에서 차별적 어휘의 선택이 가져올 후유증을 고려하는 슬기가 필요하지 않을까?

- 결혼은 언제 할 것인가?
- 도대체 그 외모로 잘하는 것이 뭡니까?
- 여성인데 술자리가 잦은 이 직무 수행이 가능하다고 생각합니까?
- 애인이 있습니까?

이런 질문을 받으면 응시자들은 직무와 관계없는 질문으로 생각한다. 신세대들은 프라이버시를 중시한다. 이런 질문을 하다가 받을 수 있는 기업의 피해는 다음과 같다.

성희롱 또는 성차별로 인해서 소송을 당할 수 있다. 질문을 했던 개인이 회사와 같이 거액의 손해 배상을 해줘야 할지도 모른다.

한국에서는 남녀고용차별금지법 등이 그 준거법이 될 수 있다. 미국에서는 고용기회균등법에 위반되어 이런 질문으로 회사가 거액의 손해배상 소송 대상이 된 적이 있다. 요즘 신세대들은 권리 의식이 강해서 기업의 면접관으로부터 이런 질문을 받으면 소송을 할 개연성이 있다. 고액 연봉자가 된 이후에는 이런 점들을 주의해야 한다.

 an Annual Salary

코어 컴퍼턴시를 개발하라

코어 컴퍼턴시는 핵심 직무능력을 말한다. 코어 컴퍼턴시를 개발해야 높은 연봉을 받을 수 있다. 역량 평가중심의 면접 테크닉을 활용할 가치가 있다. 신세대 중에는 고학력 취업난 시대를 맞이하여 책상물림형으로 성장한 인적 자원이 의외로 많다. 역량이 부족한 인적 자원이 필기 시험 점수가 높은 경우가 점점 많아지고 있다. 이 점을 유의해야 한다.

필기 시험 성적은 높지만 일의 역량이 부족한 인적 자원은 연봉이 낮을 수밖에 없다. 일의 역량 크기는 연봉 결정에서 주요한 변수로 작용한다. 역량 크기를 잘 드러내는 사람이 고액 연봉을 받을 수 있다. 역량 크기를 항상 제대로 상대에게 알려라.

구직희망자의 자질을 찾기란 쉬운 일은 아니다. 이를 위해서는 몇 가지 툴을 개발할 가치가 있다.

직무별 코어 컴퍼턴시(core competency)를 미리 확정하라. 그 후에 그 직무와의 연관능력을 파악할 수 있는 관련 질문지를 만든다. 질문지를 갖고서 집중해서 질문하라. 질문과 답변 사이에서 다음을 주로 평가하기 바란다. 자질에 의해서 연봉은 결정된다.

생각의 용량을 파악하는 방법을 구사하라. 생각의 용량은 아이디어가 직무에 주는 영향이 강할수록 더욱 중요하다. 아이디어를 다양하게 보유한 인적 자원을 채용하는 것이 미래를 위해서 더 이익이 된다. 기업은 이익을 창출하는 조직이다. 기업의 이익 창출에는 생각의 용량을 크게 보유한 인적 자원이 필요하다. 주제를 자유롭게 선택하게 하되, 회사에서 일정한 주제를 10개 정도 먼저 제시하고 그 중에서 골라 발표하게 하는 방식도 있다. UN에서 인재를 채용할 때 이런 방식을 활용한다. 약 20분 이상 발표하게 하라. 텍스트가 없는 상태에서 말하게 하라. 여기서는 문제의 해결 방안을 찾는 능력, 문제를 분석하는 자질을 발견할 수 있을 것이다.

컴퍼턴시를 심층적으로 경영자에게 보여라.

컴퍼턴시 측정이 여기서 이뤄질 수 있다. 올바른 경쟁예절, 승부욕 등이 평가될 수 있다. 현장에서 직무를 맡기고 입사 2~3년차와 같이 거래처를 방문하면서 1주일 정도 일해 보는 방식도 있다. 그 후에 종합하고 평가하여 채용하는 방법도 있다.

이 경우도 개인의 컴퍼턴시가 중요하다. 개인의 컴퍼턴시에 의해서 연봉이 결정된다. 연봉에 의해서 인재 스카우트가 진행되기도 한다. 연봉 수준이 좋은 경영자를 영입하는데 도움이 되는 경우는 많다. 하지만 이것이 필수적인 것은 아니다. U라는 회사에서는 회사의 이익이 흑자가 될 때까지 무보수로 경영자를 영입한 적이 있다. 이 회사의 경영자는 전 직장에서 10억 원의 연봉을 받던 사람이다. 하지만 자신이 원해서 이 회사를 경영하고 있다. 외국 기업에서 경영을 하면서 터득한 노하우를 일에 투자하고 싶은 지도 모른다.

an Annual Salary

숨은 아이템을 찾아내라

"숨은 아이템을 찾아내서 우리 회사의 금년도 이익을 50억 원 늘린 공이 있습니다. 그분은 우리 회사의 브랜드 가운데 시장에서 성공 가능성이 큰 아이템 세 가지를 더욱 활성화시키는데 성공했습니다. 아마 그분은 내년에는 더 높은 연봉으로 계약될 것입니다."

제과 회사에서 일하는 간부의 이야기이다. 이런 사람에게는 사이닝 보너스가 지급되면서 다른 회사에서 스카우트 제의가 올 것이다. 이 예화에서 보듯이 사이닝(signing) 보너스에 관한 기사가 신문에 자주 실린다.

가장 자주 볼 수 있는 기사가 야구나 축구 또는 농구 등의 선수가 A팀에서 B팀으로 이적한다는 기사이다. 그 기사 내용을 자세히 보면 사이닝 보너스가 존재한다. 그리고 사이닝 보너스의 속에는 물질에 대한 인간의 욕구도 내재되어 있음을 알게 된다.

사이닝 보너스는 인재를 유치하는데 필요한 요소이다. 그러므로 디지털 환경에서는 인재 스카우트 부분에 도입될 것이다.

"야구 선수 A는 사이닝 보너스를 받는다. 고교 졸업을 눈앞에 두고 있다. 프로 팀에서 서로 오라고 해서 특정한 팀에 가기로 사인하는 조건으로 특별 보너스를 받은 것이다."

사이닝 보너스란 이런 것이다. 기업에서 과학자를 스카우트할 때도 많이 활용하는 제도가 사이닝 보너스이다.

사이닝 보너스에 대하여 좀더 자세하게 알아보자.

사이닝 보너스는 미국의 월가에도 있었다. 지금은 능력이 아주 뛰어난 사람들에게만 사이닝 보너스가 주어지고 있다. 미국 경기가 불황기이기에 그렇다. 호황기를 구가하던 1996년경에는 MIT MBA를 졸업한 우수 인력을 스카우트하면서 이주비와 고용계약 보너스를 연봉과 별도로 지급한 컨설팅 회사가 많았다.

한마디로 고용계약 보너스가 바로 사이닝 보너스이다. 1996년 당시 MIT MBA 졸업생 가운데 약 40% 이상이 컨설팅 회사로 진출했다. 이 가운데 상당수가 고용계약 보너스를 받았다.

사이닝 보너스 제의를 받으려면 지원 회사의 숨은 아이템을 찾아낼 능력을 길러라.

사이닝 보너스는 한 국가의 발전에 지대한 영향을 준다. 사이닝 보너스를 잘 만드는 국가는 번영한다. 반대로 사이닝 보너스 체계를 잘못 만드는 국가는 발전이 더딜 수가 있다. 사이닝 보너스 체계가 잘 발전한다는 것은 무엇을 의미하는가? 그것은 우수한 인적 자원을 자국에 유치할 수 있는 인프라가 구축되어 있음을 말해주는 것이다

앞에서도 한 번 언급했지만 사이닝 보너스는 과학자들을 유치하는

데도 활용된다. 1970년대에 우리나라에서 이 제도를 활용했다. 당시 유신 정부는 정치적 탄압 때문에 국내외의 비판을 받고 있었다. 그런 속에서도 우리나라는 과학 입국을 향한 비전을 열심히 만들어 가고 있었다. 당시 통치 세력은 한국인으로서 여러 나라에서 활동하던 과학자들을 한국으로 데려오기 위한 제도를 만들었다. 바로 두툼한 보너스에 집을 제공하는 일이었다. 이것을 한국 정부는 모색했다. 결국 외국에 있던 유수 과학자들이 한국에 왔다. 당시 정부에 의해서 국책 연구소 연구원으로 스카우트된 과학자들은 많았다. 이들이 받은 연봉은 대학 교수의 연봉보다 높았다. 결과적으로 높은 연봉이 과학자들을 한국으로 끌어들이는데 기여한 것이다. 마침내 한국은 이들 과학자들의 연구 결과를 바탕으로 고도 성장의 기반을 갖추게 되었다.

사이닝 보너스는 이처럼 기여하는 폭이 크다. 단 1%의 사람들이 역사를 만든다. 산업 역사를 새로 쓰는 세력은 1%의 사람들에게 있다. 1%의 최우수 과학자들을 한국이 갖고 있는가에 의해서 국가의 산업 경쟁력이 달라진다. 이들 1%의 유수 과학자들을 위해서 사이닝 보너스 체계는 더 발달될수록 좋다.

일본의 경우를 보자. 일본은 과학이 발달한 나라이다. 그래서 일본이 만든 제품은 전 세계의 소비자들로부터 정밀성에서 호평을 받는 경우가 많다. 상대적으로 뛰어난 정밀성 평가 이면에는 무엇인가가 있다. 바로 일본 과학자의 연구의 진지성이 자리하고 있다. 진지하게 연구하는 태도 속에서 일본은 발전한 것이다. 하지만 이제 일본은 상당한 침체 조짐을 보이고 있다. 사이닝 보너스 체계의 미발달이 한몫을 한 셈이다. 유수한 인력에게도 평등주의로 대하는 연봉 체계로는 제대로 된 발전을 이뤄 가기 힘들다. 유수 인적 자원에게는 과감한 연봉 시스템을 적용해야 한다. 이들이 일한 결과만큼 제대로 보상해 주는 시스템이 필요한 것이다. 다만 보상 시스템에 차등원칙을 채택하는 것이 좋다. 연봉이 달라야 서로 분발해서 일하게 되기 때문이다. 연봉의 차등을 향한 사회정책이 필요한 이유가 여기에 있다. 오늘의 일본이 미국에 뒤지는 이유가 연봉 시스템에 있다. 미국은 일한 결과만큼 철저히 보상한다. 장미 한 송이라도 더 보상하는 것이 미국의 연봉 시스템이다. 평등주의 연봉 체계로는 사람들의 일할 의욕을 강하게 유발시킬 수 없다.

나카무라 쇼지는 숨은 시장을 발견하는데 탁월한 능력을 가지고 있다. 그래서 30억 원의 시드 머니를 받고 미국의 UC 산타바르바라 대학교의 교수가 되었다. 그는 원래 일본 회사에서 반도체 기술인 파랑 LED를 개발하였다. 이 기술은 시장성이 높은 기술이었기에 회사에 수백 아니 수천 억 원 이상의 수익을 가져다 주었다. 그렇지만 그에게 돌아온 대가는 일반 직원으로부터 과장으로 진급한 것에 불과했다. 그리고 연봉도 2배로 올랐다. 하지만 그가 기여한 만큼의 대접을 못 받았다. 그는 그 기술을 개발한 후 여러 나라의 기업, 대학으로부터 사이닝 보너스를 제의 받았다. 결국 시드 머니를 제공하는 UC 산타바르바라 대학교를 선택하였다.

나카무라 쇼지는 다시는 연봉을 적게 주는 일본 기업에 안 가겠다고 말한 적이 있다.

연봉은 사람의 의욕을 불러일으킨다. 하버드 대학교의 졸업생들이 벤처 기업으로 가려고 하는 이유는 미래의 높은 수입을 보장받기 위해서이다.

연봉을 통한 높은 수입을 기대하고 사람은 더 의욕적으로 일하려는 욕구를 갖고 있다.

이익 증대에 기여할 수 있는 숨은 아이템을 찾는 능력을 가진 사람에게는 더 큰 사이닝 보너스가 주어질 수도 있다.

활력을 유지하라

활력을 유지하라. 그러면 당신은 고액 연봉 제의를 받을 수 있다. 활력은 회사 발전의 힘이다.

홍콩은 중국의 창(窓)이자 세계로 향하는 창이다. 이 창을 통하여 중국은 세계 상인들을 중국으로 끌어 모은다. 중국의 이러한 전략은 상당 부분 성공하고 있다. 홍콩에서 국제 비즈니스맨들의 비즈니스 활동이 활발하게 이루어지고 있다. 거리마다 금융상들이 가득하고 컨설턴트들이 호텔 로비를 가득 메우고 있다. 중국의 창으로서 홍콩은 성공하고 있다. 홍콩은 중국을 자유로운 국가로 인식시키는데 기여하고 있다. 이러한 홍콩에서 미스 홍콩이 매년 선발되고 있다.

34 - 24 - 34, 몸무게 49kg, 키 169cm의 미인 '만디 조'는 이렇게 등장했다. 만디 조는 자기만의 운동방법으로 활력을 유지한다. 그래서 만디 조는 높은 연봉을 받는 사람으로 성장할 것이다. 만디 조가 미스 홍콩이 되는 순간 스타로서의 기반은 다져진 것이다. 지금부터는 활력 유지를 위한 과학적인 자기 관리를 해야 한다. 그래야 고액 연봉자가 될 수 있다. 땀 흘리는 운동을 하라. 그리고 자신만의 자연미를 가꾸어라. 연봉 협상에서 고액 연봉자가 되려면 활력을 키워라. 활력은 건강미로부터 온다.

활력 유지자가 고액 연봉의 길로 항해할 수 있다.

an Annual Salary

고액 연봉에 대한
꿈을 가져라

an Annual Salary

고액 연봉에 대한 꿈

- 숫자로 자기 능력을 표현하라.
- 개인의 역량 팔기에 번들링 테크닉을 활용하라.
- 연봉을 가치에 투자하라.
- 스톡옵션에 흥미를 가져라.
- 자신의 연봉은 자기가 만들어 가는 것이므로 지극 정성을 들여라.
- 높은 연봉을 받을 수 있는 환경을 스스로 만들어 가라.

an Annual Salary

숫자로 능력을 표현하라

숫자로 자기 능력을 표현하라. 이런 기술을 익혀서 보이면 더 높은 연봉을 받을 수 있다. 높은 연봉을 받기 위해 노력하는 과정 중에는 장애물도 있다. 고액 연봉 희망자는 이런 장애물을 발견할 줄 알아야 한다. 영화 〈타이타닉〉에서 선장은 암초를 발견하지 못한다. 무조건 전진하려고 해서는 안 된다. 이리저리 재보고 바라보라. 그리고 장애물을 피해서 고액 연봉을 향하여 계속 나아가야 한다. 이때 고액 연봉의 비전을 확고히 간직하라.

자본주의의 역사를 살펴보면 연봉 에피소드로 구성되어 있다. 연봉 에피소드를 통해서 자본주의는 전개된다. 자본주의는 불평등주의를 먹고 자란다. 그래서 자본주의는 수월성 차이를 교육에서 만든다.

연봉 이야기를 해보자. 재미있는 에피소드가 많다. 연봉을 들여다보면 세상이 돌아가는 이치의 상당 부분을 배울 수 있다.

사람들 중에는 높은 연봉 하나만을 바라보고 나아가는 사람도 있다. 하지만 상황이 그렇게 긍정적인 것만은 아니다.

정부투자기관에서 일하던 경영학도 출신의 N대리는 숫자로 자기 능력을 잘 표현할 줄 아는 사람이다. 그는 벤처 바람이 부는 현장을 유심히 살펴본다. 1999년의 일이다. 결국 그는 스톡옵션에 연봉

고액 연봉에 대한 꿈을 가져라 **159**

8,000만 원의 조건으로 벤처 회사로 자리를 옮겼다. 옛 직장에서 받던 연봉은 3,300만 원이었다. 전에 받던 연봉과 비교해보면 그가 제시받은 조건은 좋았다. 그래서 그는 가벼운 마음으로 전직을 했다. 주변의 반대도 심했지만 그는 벤처에 승부를 걸었다. 처음에는 벤처에서의 일이 잘 풀리는 것 같았다. 그러나 지금은 후회를 하고 있다. 전직한 지 2년도 채 되지 않은 2001년에 벤처붐이 시들기 시작한 것이다. 컴퓨터 회사인 그의 회사도 벤처붐의 쇠락 현상에 휘말렸다. 사정은 안정적이던 정부투자기관과 달랐다. 재정적으로 어려움이 닥치니 회사가 흔들리는 것은 눈 깜짝할 사이었다. N대리는 높은 연봉과 스톡옵션에 현혹된 자신을 후회했다. 하지만 열차는 이미 떠난 뒤였다. 이제는 정부투자기관과 같은 안정적인 조직에는 가고 싶어도 갈 기회가 없다. 결국 그는 몇 군데의 벤처를 전전하다가 현재는 조그만 회사의 기획 부장으로 일하고 있다.

전문가는 숫자로 능력이 표현된다. 숫자에 의해서 표현되는 연봉은 그 사람의 능력이다. 전문가는 이제 자본주의의 핵심을 이룬다. 자본주의의 핵심은 전문가 그룹이다. 전문가 그룹이 미래의 자본주의를 주도한다. 미래 자본주의는 그 자체로서 씨앗을 지니고 있다. 씨앗은 세월을 필요로 한다. 필요한 세월 속에서 자본주의의 열매들은 영글어 간다. 자본주의를 성장시키려는 전략은 있다. 그것은 전문가 양성 전략이다. 전문가를 양성해야 자본주의는 발전한다. 연봉제 없이 전문가 양성은 어렵다. 인간의 물질에 대한 정당한 욕구가 자본주의를 키운다.

　숫자로 자기 역량을 보여주어라. 하지만 산업 변동기에는 주의해야 한다. N대리처럼 일시적 호황에 속을 수도 있다.

퍼미션 마케팅 기술을 활용하라

고객의 동의를 미리 얻은 후 마케팅 하는 기술을 퍼미션 마케팅 (permission marketing)이라고 한다. 퍼미션 마케팅 기술을 이용하라. 그러면 당신은 고액 연봉자의 길로 들어설 수 있다. 고액 연봉은 금액으로만 환산할 수 없는 그 무엇인가를 가지고 있다. 그것은 일 속에 존재하는 영적 지수(spiritual quotient)이다.

2003년 가을, 한 이야기가 방송국의 전파를 탔다. KBS 텔레비전을 통해서 방송된 이 프로그램의 제목은 〈선이골, 다섯 아이를 품다〉이다. 이 프로그램은 다큐 형식을 가지고 있다. 약사와 대학교수 출신의 부부가 도시를 멀리한 채 산골에서 다섯 아이를 기르면서 산다. 자연 속에서 아이들을 가르치며 키우는 것이 대강의 줄거리이다. 아이들은 아침에 일출을 본다. 그 속에서 자연이 주는 가르침을 배운다. 아이들은 자연 속에서 노동을 하고 노동 속에서 자라난다. 밤이면 호롱불 아래서 어머니의 이야기를 듣는다. 영상은 경쟁 위주의 도시적인 삶을 대비시킨다. 이들에게 자연 속의 온갖 열매가 연봉인 셈이다. 봄에는 씨를 뿌리고 가을에는 열매를 거둔다. 이것이 이들에게는 연봉인 셈이다. 또한 이들은 자연의 오묘한 소리를 듣는다. 그리고 직접 가꾼 농작물을 먹는다. 아이들은 자연의 일부이다. 이런 속에서 이 아이들의 부모는 높은 연봉을 받던 지난날을 그리워하는 기색이 없다. 자연 속에서 아이들의 성장을 본다. 자연이 주는 열매들이 이들에게는 진정한 연봉인 것이다.

높은 연봉이 숫자로만 표현되는 것은 아니다. 높은 연봉은 다른 행태로도 등장하고 있다. 숲 속에서 자라나는 아이들은 더 풍부하게 자라나고 있다. 숲은 그들의 일터요 배움터이다. 아이들은 자연과 더불어 숨쉰다. 큰아이는 농부가 되는 것이 꿈이라고 한다. 다큐 속의 부모는 그런 큰아이의 꿈을 존중해 준다. 다른 아이는 동물원 원장이 되고 싶다고 한다. 희귀 동물을 보호해 주는 일을 하고 싶다고 한다. 자연은 이들에게 학교에서 배울 수 없는 그 무엇을 말해 주고 있다.

오랫동안 지속되는 행복은 자연 속에 존재하는지도 모른다.

자연이 동의한 연봉이 가치가 더 클 수 있다. 퍼미션 마케팅 기술을 자연 속에서 시도해 보라. 색다른 맛이 있을 것이다.

사회적 촉진 기술을 활용하라

사회적 촉진 기술을 이용하라. 조직, 집단 속에서 일하면 혼자 일하는 것보다 더 효과가 커진다. 이것이 사회적 촉진 기술(social promotion)이다.

서승진 원장의 연봉은 1억 70만 원이다. 2003년 그의 직업은 임업연구원장이다. 그는 임업 전문가이다. 서 원장이 전문가 대접을 받고 정부 조직에 합류했다. 그가 받는 연봉은 장관이 받는 연봉보다 많다. 전문가로 초빙되어 연봉이 높게 책정된 경우이다. 열린 공직 제도로 인해서 장관보다 보수가 높다. 판공비는 장관이 더 많다. 하지만 개인이 가져가는 금액은 서 원장이 더 많다. 왜 이런 현상이 나타나는가? 이유는 전문가 시대가 도래했기 때문이다. 고액의 연봉을 받고 싶으면 전문가를 지향하라는 메시지이다. 연봉은 개인이 지닌 전문성의 가치와 연관된다. 그 동안은 개인이 지닌 전문성의 가치가 제대로 평가되지 못했다. 하지만 앞으로는 제대로 평가될 것이다.

세상 속에서 이런 사회적 촉진 기술은 더욱 자아 가치를 고양시킬 수 있다. 전문가적 식견이 경쟁 환경에 노출되기에 그런 지도 모른다.

번들링을 활용하라

2개 이상의 다른 제품을 단일 가격으로 판매하기 위해서 하나로 묶어서 판매하는 기술을 번들링(bundling)이라고 한다.

개인의 역량 팔기도 이런 테크닉을 활용하라. 비서직 수행 능력과 회계직 수행 능력을 같이 묶어라. 그러면 여러분은 더 높은 연봉을 받는 일을 갖게 될 것이다.

〈두 남자와 장미모텔〉은 오래 전에 제작된 한국영화이다. 이 영화를 보면 두 남자가 등장한다. 모텔의 사환이다. 주인은 두 사환을 수시로 체크한다. 제대로 일을 하는지. 정작 주인은 별로 하는 일이 없다. 하지만 모텔의 경영자이다. 자본을 가진 사람이다. 수입의 대부분은 자기 것이다. 사람들은 모텔을 자주 드나든다. 그래서 수입은 늘어만 간다. 모텔 주인의 연 수입은 많아진다. 모텔 이용자가 많아질수록 수입은 증가한다. 자본은 가진 사람의 연봉은 늘어난다. 하지만 두 사환은 연봉이 얼마나 늘어날까? 연봉보다는 신분이 항상 불안하다. 이런 경우는 전문성과는 상관없다. 주인은 자본가라서 연봉이 높다. 아무리 모텔의 사환이라도 전문적 가치는 있을 수 있다. 하지만 연봉은 주인의 마음에 의해서 좌우되는 구조이다. 이런 상황을 영화 〈두 남자와 장미모텔〉이 보여 준다. 이 영화에서 본 것은 이것이다. 특정 직종에는 개인의 전문성이 연봉에 정비례하지 않는다는 점이다.

2개가 모두 가치 있어야 번들링은 통한다. 아무리 같이 있어도 영화 〈두 남자와 장미모텔〉에서의 두 남자 주인공의 연봉은 향상되지 않는다. 서로 전문적 가치가 없는 능력만 보유하고 있기 때문이다.

높은 연봉을 받기 위해서는 병렬적으로 제시할 수 있는 전문적 가치를 키워라. 그래야 번들링 테크닉으로 고액 연봉자가 될 수 있다.

행태 욕구를 극대화시켜라

행태 욕구(model need)를 극대화시켜야 한다. 재즈 연주자가 열심히 연주하는 것같이 '욕구가 파생시킨 활동을 함으로써 만족되는 욕구'가 행태 욕구이다. 이런 행태 욕구를 극대화시켜라. 그러면 당신은 고액 연봉으로 가까이 갈 수 있다.

클레어 베상이란 사람이 있다. 그는 수의학 저널리스트이다. 그는 고양이에 관한 연구서를 집필한다. 이 사람이 받는 연봉은 올라간다.
이 사람은 자기 역량의 가치를 행태 욕구 극대화를 향한 개성적인 그의 필력에서 창출한다.

조엔 롤링은 해리 포터의 작가이다. 그녀는 2003년 한해 동안에 255억 원을 벌었다. 영국 여성 가운데 최고의 연봉을 자랑한다. 필력에 의해서 이런 수입을 벌 수 있다. 조엔 롤링 같은 사람들은 행태 욕구 강화로 자기 연봉을 향상시킨다.

핀바 오닐은 한국에서 일했던 외국인이다. 그는 자신의 일터를 한국 회사에서 18년간 유지했었다. 노동 시장을 한국 기업으로 정했던 것이다.

그가 일했던 곳은 현대자동차이다. 그는 18년 동안 이 회사를 위해서 일했다. 현대자동차에는 이 사람 외에도 많은 외국인들이 일하고 있다. 이들이 현대자동차 수출에 기여한 바는 크다. 핀바 오닐도 그 중의 한 사람이었다. 그는 얼마 전에 전직을 했다. 그가 새로 옮긴 회사도 자동차회사이다. 북미 판매 법인인 미쓰비시 모터스 노스아메리카이다. 그는 이곳에 CEO로 영입되었다. 스카우트된 것이다. 그가 새 직장에서 받는 연봉의 액수는 알 길이 없다. 하지만 그의 연봉이 고액인 것만은 틀림없다. 현대자동차 미주 법인에서 일했던 행태 욕구 극대화 능력을 평가받았을 것이다.

　　일한 경력 요소 중에 고액 연봉의 씨앗이 들어 있는 존재가 되기 위해서 힘써야 한다. 고액 연봉을 내 것으로 만들기 위해서는 이런 행태 욕구 극대화 씨앗을 발견하는 일이 진행되어야 한다.

가치에 투자하라

　보다 높은 연봉을 받으면 가치에 투자하라. 이것이 진정으로 행복을 만드는 길이다.

　연봉을 의미 있게 활용하는 것은 인생의 가치를 고양시키기도 한다. 연봉으로 삶을 발전시킨 사람들이 많다. 소파 방정환이 대표적인 인물이다. 그는 수입의 상당 부분을 어린이를 위한 투자에 아낌없이 쏟았다. 이오덕도 그런 인물이다. 교사로서의 정해진 연봉을 어린이와 한글사랑에 활용했다.

　이오덕은 사람들에게 국어를 아름답게 활용하는 법을 배우게 했다. 한글을 아름답게 만들려고 노력했다. 초등학교 교사를 하면서 이런 일에 연봉의 상당 부분을 바친 이오덕은 이런 삶의 방식을 다양하게 행한다. 『강아지똥』이란 아동문학작품을 지은 권정생의 여건 개선을 위해서 이오덕은 연봉의 상당 부분을 투자했다. 이오덕은 그의 연봉 중 일부로 서울을 오르락내리락 거렸다. 안동 지역에서 작품을 집필하는 권정생의 글이 책으로 만들어지게 하기 위해서였다. 권정생을 대신하여 출판사를 찾아다녔다. 권정생의 아름다운 한글 작품을 책으로 만들기 위함이었다. 연봉의 쓰임새는 이처럼 다양했다.

연봉을 받아서 의미 있게 활용한 사람은 이오덕이었다. 그는 우리 말을 사랑했다. 산간 벽지를 찾아다니면서 교사로서의 인생을 살았다. 아이들의 글을 사랑했다. 권장생의 작품을 사랑했다. 이오덕은 한글 사랑에 연봉의 상당 부분을 투자했다. 그의 씨앗 뿌리기는 오래오래 열매를 맺는 결과로 되돌아올 것이다.

연봉은 의미 있게 활용될 수 있다. 연봉을 가치 있게 활용하는 법을 배우면서 일 속에서 최선을 다해보자.

가치에 투자하라.

일의 가치에 투자하면 더 높은 품질의 연봉 효과를 거둘 수 있다.

스톡옵션에 흥미를 보여라

스톡옵션에서 돈을 모으는 사람이 더 늘어날 것이다.

업종별, 직업별 연봉이 다르다. 연봉은 개인의 생활을 좌우한다.

윤손하라는 배우가 있다. 그녀는 일본에 가서 일본 배우 오카타 준이치의 상대 배역을 맡아 연기를 했다. 그녀가 출연한 영화는 〈기사라즈 캐츠아이〉이다. 영화는 운명적인 러브스토리를 엮고 있다.

연예인의 개런티 결정에는 매니저가 관여하고 있다. 이런 과정을 거치다 보니 개런티에 얽힌 에피소드도 많다. 심한 경우 개런티를 놓고서 지분율 때문에 매니저와 연예인이 대립하기도 한다.

한국의 한 대형 은행의 행장은 연봉 1원에 근로 계약을 맺어 화제를 불러일으키기도 했다. 그 행장은 연봉 대신에 스톡옵션을 받기로 했다. 몇 년 후 그는 스톡옵션을 행사하여 몇 백억 원을 벌었다. 사람들은 그가 배팅을 했다는 것을 안다. 그는 돈도 많이 벌었지만 번만큼 좋은 일에 기부하기도 한다. 그렇지만 그는 연봉에서 히트를 친 것이다. 우리나라 한국은행 총재의 연봉은 알렌 그린스펀 미국 연방제도 이사회 의장의 연봉보다 높다.

한국은행 총재는 연봉 18만 달러를 받는다. 미국에서 톱 10에 드는 MBA 출신이 받는 12만 달러보다는 많다. 그렇지만 경력 10년 이상의 MBA 출신들이 받는 20만 달러보다는 적다.

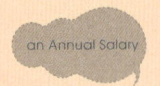

세월 따라 연봉도 다르다

> **세상이 변하면 연봉 시스템도 변한다. 그래서 연봉 변화 추세에 맞는 전략이 필요하다.**

가수 신화의 멤버인 김동완은 모델로도 일한다.

캐주얼 의류 브랜드 T by N의 모델이다. 그가 받는 모델료는 6개월 동안에 1억 5,000만 원이다. 적은 보수는 아니다.

국립대학교에 교수로 임용될 경우 3,500만 원의 연봉을 받는다. 이것에 비교하면 많은 금액이다. 그런데 여기서 알아야 할 것이 있다. 그것은 모델료를 매니저와 나눠 가져야 한다는 사실이다. 또 세금도 일정하게 부담한다. 모델료를 수입으로 볼 때 이 점을 고려해야 한다. 모델은 이제 다양한 이미지를 연출해야 한다. 그래야 고액 연봉자로서 다양한 상품 모델이 될 수 있다.

〈순자야 문 열어라〉라는 영화가 있다. 신성일 씨가 주연을 했었다. 이 영화가 만들어질 당시는 서울에 미개발지가 많았다. 이 시대를 보자. 이 영화가 상영되던 시기는 고성장기이다. 하지만 산업은 아직 경공업 기를 벗어나려는 시기이다. 영화 속의 신성일은 시계를 가방에 넣고 다닌다. 그는 아침마다 그 가방을 들고 집을 나선다. 그리고 한쪽 신발을 벗어 던지고는 한다. 그리고는 신발이 안 뒤집어 지면 재수가 좋다고 말하곤 한다. 낭만이 있던 시기이다. 비즈니스가 그런 대로 되는 분위기이다. 영화 속의 신성일은 "시계를 많이 팔아 내년쯤 옥수동에 시곗방을 차리는 것이 소망이다."라고 외친다. 한편 그의 애인에게는 그렇게 하여 결혼하자고 한다. 당시는 우리나라의 잠재성장률이 7%를 넘던 시기이다. 1960년대에서 1970년대 한국 사회는 고성장기였다. 세계 경제도 마찬가지였다. 하지만 아직은 한국 사회에 연봉이 제도화되기에는 이른 시기였다.

하지만 세상은 달라졌다. 1990년대 중반 두산 그룹이 연봉제를 도입한 이후 이제는 공직 등에도 연봉제가 도입되고 있다. 개인 기업에서는 대표 이사보다 직원이 더 높은 연봉을 받는 일도 생기고 있다.

잠재성장률이 있다. 실질 국민총생산인 GDP 증가율이다. 물론 인플레 없이 한 국가가 달성할 성장률의 극대화 수치이다. 잠재성장률이 1% 하락하면 노동시장에 어느 정도의 변화를 줄까? 잠재성장률이 1% 하락하면 약 0.2%의 국민 실업률을 가중시킨다. 그렇기 때문에 잠재성장률이 내려가는 것은 1%라도 의미가 크다. 따라서 각국은 잠재성장률을 높이기 위한 노력을 기울인다. 그러기 위해서는 인구 증가가 뒤따라야 한다. 또 좋은 노동력의 공급이 선행되어야 한다. 기술도 발전해야 하며, 정치적 안정도 유지되어야 한다. 이렇게 해야 잠재성장률이 올라간다.

한국은행이 2003년 9월에 발표한 한국의 잠재성장률을 보면 저성장 기조 지표이다. 한국의 잠재성장률이 4%로 발표되었다. 잠재성장률이 5% 대를 넘던 시절이 그립다. 하지만 현실이다. 이것이 바로 한국이 직면한 상황이다. 잠재 경제성장률은 세계 경제 흐름에서 영향을 받는다. 한국 혼자서 성장할 수는 없다. 하지만 내재적인 기술개발, 인구의 역동적인 증가, 정책의 성공이 이뤄지면 고도의 성장을 이룰 수 있다.

잠재성장률과 연봉은 긴밀한 관계를 가지고 있다. 월가의 투자가들에게는 더욱 더 세밀하게 작용한다. 한 국가의 잠재성장률이 높으면 연봉은 올라가는 비율이 높다. 하지만 잠재성장률이 낮으면 연봉은 낮아질 개연성이 크다.

자발적 의욕을 자극하라

연봉을 많이 받기를 희망하는 것은 인간의 공통된 심리이다. 그렇지만 반드시 그런 것은 아니다. 보수에 상관없이 자신이 하는 일의 가치를 더 중요하게 생각하는 사람도 있다. 하지만 가치를 추구하는 사람도 남에게 신세를 져서는 안 된다. 남에게 신세를 지는 사람은 다른 가치를 추구하기가 힘들어진다. 따라서 연봉에 대한 자기 생각을 확고히 정립하는 것이 필요하다. 한국에서는 어느 정도의 연봉을 받아야 평균에 육박하는가? 노동부에서 발표한 2003년 1월에서 6월 사이의 통계를 살펴보면 월 임금이 205만 8,000원 이다(5인 이상 사용 근로자가 있는 기업 기준이다). 이 금액을 연봉으로 따져보면 2,460만 원이 평균 금액이다.

연봉에는 호봉, 근무 연한, 직위별 차이가 포함되어 있다. 연봉에는 그만한 직무값이 존재한다.

1848년 마르쿠스 골드만은 미국의 필라델피아로 향했다. 그는 교사로서 보다 모험적인 일을 갈구했다. 마르쿠스 골드만의 생각 속에는 높은 연봉을 바라는 희망도 있었다. 미국으로 건너간 마르쿠스 골드만은 마차행상으로 일을 시작했다. 필라델피아에서 시작한 생활은 힘들기가 그지없었다. 하지만 마르쿠스 골드만은 높은 연봉을 향한 자발적인 꿈을 갖고 있었다. 언젠가는 부자가 되고 싶다는 꿈. 이것이 그가 꾼 꿈이다. 그는 꿈을 향해서 계속 나아갔다. 그는 푼돈부터 모았다. 그리고 마침내 뉴욕 월가로 진출했다. 월가에서 그가 사환을 두고 시작한 일은 어음 교환이었다. 가죽 세공업자 등으로부터 어음을 사서 은행에서 할인 받았다. 그렇게 그는 자발적인 의욕을 바탕으로 성공했다. 그가 만든 회사가 바로 골드만 삭스이다. 오늘날 이 회사에서 파트너로 일하기만 하면 돈을 벌게 된다. 연봉이 무려 2,000만 달러나 된다. 높은 연봉이 사람들의 일할 의욕을 자극한 것이다. 이 일을 하려고 사람들은 골드만 삭스로 향한다. 하지만 그들 모두가 고액 연봉자가 되는 것은 아니다.

투명한 부를 추구하라

> **투명한 부는 행복을 가져온다. 혼탁한 부(富)는 고통일 뿐이다.**

색다른 이야기를 해보자.

일제시대의 잔재로 남겨진 말들이 많다. 이 말을 그대로 활용해본다. 그 말 중에 '와리'란 말이 있다. 이 말은 자기 것이란 의미를 지니고 있다. 그런데 이 말이 술집에서는 일종의 임금을 가리키는 말로 쓰인다. 와리를 많이 챙기는 룸살롱 마담은 최고 35%까지 챙긴다. 술값의 35%이면 특급대우 마담이다. 특급대우 마담이 되려면 아가씨 생활을 수년 동안 하고 경험이 많아야 한다. 아가씨를 많이 거느릴 줄도 알아야 한다. 이런 능력을 평가하는 데는 여러 가지 기준이 있다. 아가씨들이 잠수하지 않게 잘 단속하는 능력도 특급대우 마담의 조건이다. 이 업계에서 사용하는 잠수(潛水)란 말은 도망간다는 의미이다. 여러 가지 이유 때문에 아가씨들의 잠수는 진행된다. 아가씨 중에는 애인과 함께 도망하는 사람도 있다. 이런 경우는 낭만적인 잠수에 속한다. 특급대우 마담들은 낭만의 잠수는 이해하려 한다. 이런 경우는 특급대우 마담이 되는 데 마이너스 요인으로 작용하는 경우가 적다.

'마이킹'이란 말도 있다. 유흥업소에 종사하는 사람들 사이에 유행하는 말이다. 유흥업계에서는 '마이킹'을 선불(先拂)급이라고 한다. 아가씨가 술집에서 가불 형식으로 미리 돈을 받는 것을 '마이킹'이라 한다. 마이킹은 아가씨들이 잠수하지 못하게 하는 족쇄로 작용하기도 한다. 하지만 아가씨가 마이킹을 받고 도망하는 일이 생길 경우 특급대우 마담의 와리는 깎인다. 업주로부터 신용이 깎일 정도이다.

마이킹을 받고 잠수하는 아가씨를 최소화하는 능력을 보이는 마담은 수입이 높아진다. 특급 마담 대우를 업주로부터 받을 것이기에 그렇다.

마이킹, 와리와 같이 투명한 부를 추구하지 않으면 높은 연봉은 지속되기 어렵다. 도덕률을 지니지 않은 높은 연봉은 일시적일 가능성이 높다.

바람직한 벌이를 추구하라

그렇다면 한국의 룸살롱 마담의 연봉은 무조건 높은 것일까?

반드시 그렇지만은 않다. 이 업종은 경기를 가장 많이 탄다. 룸살롱 마담의 연봉은 경기의 영향을 가장 많이 받는다.

룸살롱 마담에게는 한국이 일하기 좋은 국가이다. 어떤 룸살롱은 한 업소에 룸이 110여 개 이상도 된다. 각 방마다 아가씨가 들어간다. 아가씨들은 미모로 승부한다. 여기서 술이 오간다. 몇 백만 원의 매상이 올라가기도 한다. 하루 저녁에 몇 백만 원의 술값을 주고 건설공사를 수주하면 그것이 더 이익이라는 말이 회자될 정도이다. 풀코스로 손님 접대를 하면 상황은 달라진다. 로비의 현장이다. 하루밤 접대비가 1,000만 원이 넘는 경우도 있다. 이곳에서 뿌려지는 돈의 일부는 룸살롱 마담의 몫이다. 룸살롱 마담은 '와리'를 가져간다.

와리를 많이 받는 마담은 하루에도 몇 백만 원을 번다. 하지만 외상이 많이 생기면 직접 챙기는 하루 현금이 줄어든다. 그래서 룸살롱 마담의 연봉은 고무줄 같다. 호황기에는 하루에 수백만 원의 마담 와리를 번다. 하지만 가처분 소득이 줄어 외상을 하는 손님이 늘면 현금 와리는 현격히 준다.

초보 마담은 와리 비중이 술값의 25%이다. 업소의 영업 부장에게 일부 줘야 하는 경우도 있다. 영업 부장이 마담에게 미치는 영향력을 무시할 수 없다. 그래서 초보 룸살롱 마담은 와리의 일부를 업소의 영업 부장에게 줘야 하는 경우가 있다.

바람직한 벌이를 추구하라. 타인을 비윤리적인 일에 가담시켜서 버는 돈은 바람직한 벌이가 아니다. 바람직한 벌이만 추구하라. 그러면 당신은 언젠가는 고액 연봉자가 될 것이다.

직무 연봉이란 말이 있다. 가치가 높은 일을 하는 사람이 직무에 상응하는 연봉을 받을 수 있는 사회가 선진 사회이다. 사람들 중에는 백만장자를 꿈꾸는 사람들이 많다.

연봉으로 백만장자가 될 수 있을까? 될 수 있다. 연봉으로 백만장자가 될 수 있다. 고액 연봉으로 백만장자가 될 수 있다. 고액 연봉자가 되려면 백만장자를 살펴보자. 그들은 누구인가? 문제의식 없이 백만장자가 되려는 욕구는 바람직하지 않을 지도 모른다. 바람직한 벌이를 하려는 확고한 철학 없이 백만장자가 되려는 욕망이 행복과 진정한 가치와 멀어지게 할지도 모르기 때문이다. 사람들은 윤리의식을 갖고서 백만장자를 희망하는 것이 낫다. 진실된 노력으로 백만장자를 꿈꾸어라. 남에게 눈꼽만큼의 손해도 끼치지 않고 백만장자가 되는 방법을 실행해 가라. 그렇게 하면 백만장자가 되려는 욕망이 가치가 있다.

전 세계에는 약 600만 명의 백만장자가 있다. 중국에도 상당수의 백만장자가 있다. 연봉 차이가 가장 심한 나라가 중국이다. 누구나 백만장자가 되고 싶어한다. 정당한 방법으로 돈을 번다면 백만장자는 존경을 받으면서 생활할 수 있다.

이제 연봉을 통해서 백만장자가 되는 시대가 온다. 개인별 기준 연봉의 산정이라는 절차가 맨 처음 시작된다. 두 번째로는 직무에 의한 직무 연봉이 산정된다. 회사마다 다르지만 세 번째로는 능력급인 직능 연봉이 정해진다.

네 번째로는 직급별로 기준 연봉이 정해진다. 다섯 번째로는 개인별 능력급이 선정된다. 여기서는 하는 일의 가치를 평가해서 진행된다. 최종적으로 개인별 연봉이 결정된다. 여기서의 연봉이란 기본급과 제 수당을 합한 금액이다. 제 수당에는 직급 수당, 가족 수당, 시간외 수당, 상여금 등이 포함된다.

이런 과정으로 연봉이 정해진다.

백만장자는 그 꿈을 꾸는 사람에게 온다. 윤리의식을 가지고 백만장자가 되기를 스스로 원해라. 올바른 방법으로 돈을 모아라. 땀을 통해서 돈을 벌어라. 언젠가는 백만장자가 된다는 생각을 하라. 그리고 노력하라. 노력이 쌓이면 백만장자가 될 날이 다가올 것이다.

미국의 뉴욕증권거래소에는 백만장자들이 많다. 자본주의의 최전선에 이들이 서 있다. 이곳에는 높은 연봉을 받는 사람들이 많다. 연봉을 통해서 이들은 백만장자, 천만장자가 된다.

리처드 그라소 회장의 연봉은 얼마일까? 사람들은 그의 연봉에 대해 궁금해했다. 2003년 당시 그의 보수가 거액이라고 외신에 보도되었다. 그의 연봉 규모를 정확히 아는 사람은 미국의 국세청이다. 외신은 그가 그 동안 모아 두었던 1억 3,900만 달러의 보수를 일시에 받았다고 보도했다. 사람들은 그가 일을 통해서 이렇게 높은 수입을 받는 것을 부러워한다. 물론 그가 일하고 정당하게 받은 대가이다. 리처드 그라소 같은 사람은 이 조직의 리더가 되는데 경력 관리를 잘 해 왔다. 그래서 그는 고액 연봉자가 되었다.

바람직한 벌이는 높은 연봉자가 되는데 좋은 항해 지침이 되어 줄 것이다.

업적을 만드는 절차를 밟아가라

> **절차를 밟아가라. 절차적 민주주의는 더 큰 부자가 되는데 필요한 요소이다.**

고액 연봉자는 금융거래 판례를 많이 알아야 한다. 고액 연봉을 받는 것도 중요하지만 이를 잘 관리하는 것은 더욱 중요하다. 고액 연봉을 통해서 늘어난 가처분 소득을 잘 키우는 것도 필요하다.

100명 이하의 거액의 투자자들이 펀드를 투자해서 '사모 펀드' 형식으로 운영하는 회사가 많다. 미국 내 법규의 규제를 예방하기 위해서이다. 100명 이하의 투자자들이 투자한 사모 펀드는 스피디하게 투자 행위를 할 수 있다. 다만 주의할 사항은 100명 이상이 투자하면 금융 당국의 규제를 받게 된다는 점이다. 이 점을 생각한 회사가 론스타이다. 론스타는 100명 이하의 거액 투자자의 사모 펀드 형식으로 운영된다. 여기서는 펀드 운용가들이 고액의 연봉을 받는다.

고액 연봉자는 법규를 많이 알고 있으면 유리하다. 그래야 금융거래에서 유리하다. 고액 연봉을 관리하고 키우는데는 금융거래 연관 법률을 많이 알고 있어야 한다.

절차를 중시하라. 그러면 고액 연봉으로 가는 길이 열린다.

말로는 연봉이 오르지 않는다. 업적으로 말하는 습관을 지녀라. 연봉제는 일하는 동기를 유발하는 속성을 지닌다

왕정치는 일본의 야구선수이다. 그는 고액 연봉자이다. 고액 연봉으로 그가 일한 것은 그의 업적에 기인한다. 연봉제는 업적에 기인한다.

사람들은 돈을 벌기 위해서 일한다. 돈을 안 주면 일을 지속할 수 없다.

업적 보너스라는 말이 있다. 업적을 평가해서 보너스를 준다는 의미이다. 업적 평가를 한다. 업적 평가가 일하는 사람의 수입과 직결된다. 임금과 직결되는 업적이다. 누가 그 업적에 탐이 안 날까? 바로 이 점을 생각한다. 연봉 제도는 바로 이 점을 감안한다. 당해 연도 업적만을 생각해서 업적 보너스를 주는 경우가 있다. 이런 유형의 회사는 서비스 관련 분야에 많다.

두 번째로 병존 체제로 업적을 평가한다. 작년도 업적, 당해 연도 업적을 병행하여 평가한다. 제조업체에서 병존 체제를 주로 적용한다. 지속성 있는 업무 흐름을 고려한 것이다.

세 번째로 전년도 업적 평가만으로 업적 보너스를 준다. 시차를 두는 모델이다. 대기업들에서 이런 시스템의 업적 보너스를 제공하기도 한다. 지난 업적을 고려해서 지금의 의욕을 고취하기 위함이다.

연봉제를 기획하는 사람들은 다양한 생각을 한다. 연봉제로 일할

의욕을 자극하려 한다. 연봉제로 회사 순이익을 높이려 한다.

업적으로 말하라. 자기 업적을 제때 자기 것으로 기록해 두라. 누구도 그 업적을 침해할 수 없게 하라.

업적으로 직무값을 정하게 한다. 이것이 연봉제의 다른 속성이다. 해당 직무의 값이 얼마인가? 이것을 정하게 한다. 연봉제는 첨단 자본주의의 열매다. 연봉제를 통해서 개인은 재무플랜을 짜게 된다.

업적 평가를 하려는 의도가 연봉제에 담겨 있다. 연봉제는 기업 리더들의 지휘력을 강화시킬 수도 있다.

연봉제를 통해서 직무 가치를 정할 수 있다. 하향 조정된 직무값은 올리고, 상향 조정된 직무값은 내릴 수 있다. 이것은 일에서의 직능등급 정하기와 연관되어 있다. 직능등급은 높게 평가될수록 연봉이 높다. 직능등급이 높은 업무 수행 능력을 함양하라. 그것이 고액 연봉자가 되는 지름길이다. 직능등급을 높게 평가받는 직무연구를 시작하라. 연구를 통해서 직장조직 내의 직무값을 차별화하려는 움직임이 활발해질 것이다. 이런 움직임이 활발한 조직은 활력을 얻게 된다. 이런 움직임이 나타나지 않는 조직은 정체감에 휩싸일 것이다. 직능등급은 연봉의 바로미터 중의 하나이다.

업적으로 말하는 습관을 가져라. 그래야 신뢰성이 향상된다. 연봉협상에서 유리하게 하려면 자기 업적을 잘 기록하라.

불규칙 곡선에도 대비하라

> **연봉의 불규칙 곡선을 대비하라. 자영업자에게서 이런 곡선이 더 자주 발견된다.**

신은경이란 영화배우가 있다. 그녀의 연기는 역동적이다. 〈사랑은 지금부터 시작이야〉란 영화에서 그녀는 주인공으로 출연했다. 이 영화는 여고생과 담임 선생님의 러브스토리를 담고 있다.

여고생인 신은경은 재기 발랄하다. 공부는 꼴찌에서 첫 번째인 반을 맡은 총각 선생님과 여고생 신은경은 사랑 이야기를 펼쳐 간다. 〈사랑은 이제부터 시작이야〉란 영화는 교사의 보람을 내면에서 그리고 있다. 총각 선생님이 여고생들과 등산 가서 마음껏 외치는 그 모습이 인상적이다.

"저는 교사가 되고자 합니다. 연봉이 비록 적어도 좋습니다. 금발의 나타샤란 영화 속의 여선생님처럼 그런 교사이고 싶습니다. 정년 63세까지 일할 수 있는 점이 좋습니다. 높은 연봉보다는 사람을 키우는 일을 하고자 합니다."

어느 날 만난 영문과 여학생의 신념에 감동한 적이 있다. 연봉 이상의 것이 일에 존재한다. 하지만 연봉의 크기를 생각하지 않을 수 없는 것이 첨단 자본주의이다. 그 물결은 우리에게도 다가온다. 교사의 연봉은 정년을 계산하면 다른 직종에 비하여 결코 낮은 것은 아니다. 연봉 계산은 한 개인의 화폐노동 가능 시간과 같이 계산해야 한다. 임금의 크기만 생각하지 말라. 생애 임금 전체를 생각하라. 연봉보다 더 중요한 것이 있다. 연봉보다 더 중요한 것은 나이가 들면서할 일이 있다는 것일 수도 있다. 교사는 강점이 있다. 나이가 들어서도 일정한 연봉이 유지되는 점이 그것이다. 연봉의 비대칭 곡선을 생각하라. 교사는 연봉 곡선이 상승형이다. 호봉단위로 보수가 구성되기 때문에 그렇다. 호봉단위로 연봉구성을 한 조직은 공직도 있다.

하지만 정무직은 다르다. 정무직은 임시직이다. 정년이란 것도 없다. 직업 공무원은 다르다. 정년이 있다.

영화 배우 나오미 와츠와 신은경의 연봉이 얼마나 될까?

영화 배우는 수입이 일정하게 지속적으로 상승 곡선을 그리는 직업은 아니다. 불규칙 곡선을 그리는 직업군이다.

이런 직업군의 높은 연봉자들은 저축을 하면서 미래를 대비하라.

지극 정성을 들여라

> **자기 연봉은 자기가 만든다. 남은 영향을 줄 수 있다. 그러므로 지극 정성으로 연봉을 높여 가라. 이런 생각을 강하게 하라.**

연봉 변수를 다이내믹하게 적용해야 한다.

왓슨 와이어트 월드와이드(Watson Wyatt Worldwide)는 휴먼 캐피탈 전문 조직이다. 이곳에서는 약 6000여 명의 컨설턴트가 일하고 있으며, 91개의 해외지사가 35개국 이상에 진출해 있다. 이곳의 일부 연구원은 직무값을 연구한다. 휴먼 캐피탈이 회사의 성패를 가른다. 인적자원의 각 직무값을 정하는 연구는 복잡하고 어렵다. 자기에게 정성을 기울여 연봉을 높이려면 뭘 해야 할까?

첫째, 미래에 자신의 직무능력에 도움되는 자격증을 취득하라. CIA(Certified Internal Auditor) 자격증도 여기에 속한다.

CIA는 내부 감사 전문가를 육성하기 위한 국제 공인 자격증이다.

이런 자격증을 취득하라. 회계 분야에서 연봉을 높이는데 도움이 된다. 연봉은 그냥 높아지는 것이 아니다. 준비하는 사람에게 높아질 기회가 온다. 높은 연봉은 의욕을 가진 사람의 것이다. 높은 연봉을 원하라. 원하면서 준비하라.

둘째, 실제 자기 기량을 향상시켜라. 지극 정성으로 자기 기량을 향상시켜라. 이리나 차시나는 시베리아대학교 2학년 때 대구 유니버시아드 대회에 출전했다. 그리고 리듬체조 부문에서 4관왕이 되었다. 그녀는 기량 향상을 위해 노력한다. 그녀의 노력은 수입을 증가시키는데 도움이 된다. 이리나 차시나처럼 기량 향상을 위한 치열한 자기 준비가 필요하다. 기량 향상은 개인이 해야 할 일이다. 개인적인 노력을 기울여야 할 주제이다. 기량 향상을 위해서는 자기가 속한 교육 프로그램을 자세히 봐야 한다. 연봉은 개인의 기량 향상에서 시작될 수 있다. 개인 기량은 연봉 향상의 의욕을 먹고 자란다. 올림픽에서 금메달을 획득하면 연봉이 오른다는 기치를 내건다고 하자. 그러면 그 선수는 기량 향상을 위해서 더욱 노력하게 될 것이다. 연봉은 기량 향상을 먹고 자란다. 기량 향상을 통해서 개인은 성장한다. 성장되는 능력을 입증해야 연봉이 올라간다. 직업적으로 성공하는 방법에는 여러 가지가 있다. 그 중의 하나가 연봉에 대한 의욕을 자극하는 방법이다. 연봉 의욕을 자극하면서 기량을 극대화하기 위해서 노력한다.

셋째, 연봉이 높은 자기 직무 아이템과 조건을 찾아라. A씨는 안과를 공부한 의사이다. 그는 미국으로 건너가 미국 시민권을 얻는다. 다시 미국 안과 전문의 시험을 본다. 합격한다. 거기서 그는 병원을 개업한다. 연봉을 높이기 위해서 인구밀집지역을 개업 병원지로 택한다. 그는 한 가지를 더 고려한다. 소득수준이 높은 지역을 고른다.

여러 데이터를 기준으로 이 작업을 한다. 초기에는 그렇게 두각을 나타내지 못한다. 그러나 시간이 지날수록 수입이 올라간다. 그는 고액 연봉자가 된다. 외부 투자자들과 약정하기를 일정 매출 이상이 되면 연봉을 높여 받기로 했다. 그것이 그를 고액 연봉자로 만든 것이다. 연봉은 개인의 능력 평가의 한 척도이다. 연봉조건을 만들어라. 좋은 연봉조건은 개인이 다루게 될 아이템에서 출발한다. 아이템이 좋으면 연봉조건은 자연스럽게 향상될 수 있다. 아이템의 전망성을 깊이 따져라. 그리하면 연봉이 높은 존재로 성장할 수 있다. 아무리 노력해도 아이템 전망성이 낮으면 연봉은 향상되기 어렵다. 아이템 전망성을 먼저 분석하라. 아이템 전망성은 그 자체의 기술 변화환경에 내재되어 있다. 핸드폰 등에 필요한 차세대 전지 기술엔지니어링 같은 분야는 어떤가? 수요가 더욱 커진다. 기술 진보가 전개될수록 이 분야의 수요는 증가한다. 이런 기술분야에서 일을 시작하라. 고액 연봉자로 성장하는 속도를 가속시킬 수 있다. 아이템 전망성을 고려하라. 연봉 향상 조건은 여러 가지가 있다. 연봉 향상 조건을 의식하라. 연봉 향상 조건을 의식하는 사람이 성공한다. 연봉 향상은 노력의 결과이다. 연봉 향상을 위해서 노력할 각오를 새롭게 하라.

고액 연봉은 지극 정성으로부터 잉태된다. 고액 연봉을 만들려면 하는 일 한 가지 한 가지에 정성을 다해 집중해야 한다. 말로 하는 일에서는 한마디도 그냥 흘릴 말을 하지 말라. 토씨 한마디가 말의 전체 분위기를 바꾼다. 토씨 한마디가 말의 품격을 다르게 한다. 일터에서도 토씨 하나라도 조심해서 말하라. 행하는 것도 항상 유의하라. 몸짓 하나가 개인의 품격을 다르게 만든다. 하나의 몸짓이 당신의 품격을 좌우한다. 품격이 올라가야 연봉이 향상된다. 품격을 올리지 않고는 연봉이 향상되기 어렵다. 고액 연봉은 개인의 품격으로부터 잉태된다. 품격을 향상시켜라. 그러면 연봉이 향상되는 조건을 만들어 갈 수 있다.

넷째, 자기 능력 향상 투자에 배팅 하라. 배팅을 한다는 것은 무엇인가? 크게 보고 투자하라는 말이다. 이는 결코 무모하게 투자하라는 것이 아니다. 과학적으로 투자하되 크게 보라는 것이다. 한마디로 전체를 보고 투자하라는 뜻이다. 배팅 하지 않으면 고액 연봉자가 되기 어렵다.

한국에서 일하는 여러 직업군의 연봉을 리서치한 적이 있다. 2001년 기준에 따르면 고액 연봉자에 변리사가 조사된다. 기업의 연구 개발이 활발해지면서 더욱 높은 연봉을 받을 수 있다. 변리사는 의장권·상표권·특허권을 법적으로 보장해 주는 일을 한다. 당시 조사에 의하면 변리사의 연봉이 2억 원이 넘었다. 조사 대상 가운데 1위인 셈이다. 이들은 2003년에는 5억 5,000만 원의 고소득 직업군이 된다.

변리사는 빛만 있는가? 반드시 그렇지 않다. 개인들도 특허의장상표권의 향상 탐구를 지속한다. 이것은 빛이다. 하지만 그림자가 있다. 변리사 숫자가 매년 증가하는 추세이다. 거기다가 제조업이 한국에서 중국으로 이동한다. 이동 속도가 빨라질 것이다. 배팅하라. 변리사가 되기 위한 꿈을 배팅하라. 하지만 이런 그림자 여건은 변리사의 연봉을 다소 하향시킬지도 모른다. 연봉은 변한다. 여러 상황에 의해서 연봉은 변화된다. 한 번 고액 연봉자가 영원한 고액 연봉자란 법은 없다.

　연봉을 보라. 변화의 물줄기를 보고 대비하라.

잉태 환경을 만들어라

> **높은 연봉을 받을 수 있는 잉태 환경을 만들어라. 이것은 자기가 만들어야 한다.**

영화 〈폭로〉는 직장에서 벌어지는 사건을 다룬 이야기이다.

여성이 경영자이다. 여성 경영자가 간부인 남성을 유혹한다. 성적으로 유혹한다. 엘리베이터에서 유혹하고 사무실에서도 유혹한다. 남성 간부는 여성 경영자에게 시달린다. 그러던 어느 날 여성 경영자는 남성 간부에게 이런 말을 한다.

"주식으로 부자가 될텐데 중간에 좀 즐기면 안 되나?"

주식 구입 선택권을 제공하겠다고 유혹한 것이다. 하지만 남성 간부는 여성 경영자의 이런 성적 유혹을 물리친다. 그리고 곤궁에 빠지기 직전 이야기는 전개된다. 이 이야기는 직장에서의 스톡옵션을 두고 전개된다. 높은 연봉은 직장인들의 꿈이다.

높은 연봉만이 가치 있는 일은 아니다. 연봉이 낮아도 가치 있는 일은 얼마든지 존재한다. 하지만 자본주의 세상에서 연봉의 많고 적음을 따지는 것은 당연한 일이다.

높은 연봉을 향한 올바른 자기 도전을 지속하라. 여러분의 의욕을 자극하는 촉매제가 될 수 있을 것이다. 높은 연봉은 생활의 편리함을 가져다 줄 것이다.

그렇다면 높은 연봉자를 잉태하는 환경은 어떤 것인가?

기술은 변화가 심하다. 이러한 기술 변화를 추적하라. 기술 변화를 통해서 사람들은 높은 연봉을 받을 수 있는 기회를 많이 가지게 된다. 컴퓨터 분야 한 가지만 보자. 여기서 고액 연봉자가 되는 길은 무엇인가?

미래에 뜰 신기술은 '그리딩 컴퓨팅 마켓' 영역이다. 그리딩 컴퓨팅 마켓(greeding computing market)은 소프트웨어, 하드웨어 분야에서의 IT 자원을 마음대로 끌어다 쓸 수 있는 기술 시장이다. 그리드 컴퓨팅 기술로 인해서 나타나는 변화는 많다. 그 중의 하나가 다음과 같은 예이다. 한 사람의 컴퓨터에 있는 음반 파일을 다른 사람의 컴퓨터에 그대로 옮겨올 수 있다. 쉽게 말하면 Peer to Peer 방식으로 음반 파일이 한 컴퓨터에서 다른 컴퓨터로 이동이 가능한 것이다. 이런 기술은 고액 연봉자를 잉태하게 할 것이다.

이런 기술을 개발할 회사는 기술 시장에서 각축한다. 따라서 이런 수준의 회사에서 일해야 한다. 고액 연봉자를 잉태하는 환경은 이런 회사에서 태동한다. 새 기술은 고액 연봉자를 창출하는 공간으로 변한다. 사람들의 수요가 높을수록 기술이 벌어들이는 물적 역량은 증가할 것이기에 그렇다.

an Annual Salary

감정적 단절을 피하라

▌감정 교류를 하라. 그래야 고액 연봉을 받을 수 있다.

가수 이효리의 연봉은 얼마일까? 궁금하다. 춤과 노래로 사람들의 인기를 모을수록 연봉은 증가할까? 이변이 없는 한 그렇다. 이효리는 자신의 이미지를 더 향상시키기 위한 노력을 할 것이다. 이것은 연봉을 높이는 촉매제가 된다. 이미지가 향상되어야 연봉이 올라간다. 연봉은 하루아침에 향상되는 것이 아니다. 이미지도 하루아침에 만들어질 수 없다. 마찬가지로 연봉도 시간이 지나야 올라갈 수 있다. 연봉은 이제 사람의 능력을 나타내는 표징이 되고 있다. 하지만 그것이 전부는 아니다. 연봉은 하나의 표징일 뿐이다. 연봉이 낮다고 한 개인의 능력이 부족하다고 할 수는 없다. 연봉이 낮아도 유능한 사람은 얼마든지 존재한다. 연봉은 하나의 척도일 뿐이다.

하지만 연봉을 통해서 자립한다. 부모로부터 자립은 연봉에 의해서 이루어질 수 있다. 연봉을 통해서 꿈을 만들어갈 수 있다. 연봉은 한 개인을 성숙시키는 모티브 역할을 할 수 있다.

제시카 새비치는 앵커로서 고액의 연봉을 받는다. 그도 그럴 것이 그녀는 인기가 있었다. 진실보도에서 신뢰를 주는 이미지를 가진 덕분이다. 제시카 새비치는 "NBC Golden Girl"이란 평가를 받는다. 뉴스위크지는 그녀를 그렇게 평가했다. 보수적인 뉴스위크지치고는 후한 평가이다. 그녀는 현장을 신뢰성 있게 보도한다. 하지만 이 고액 연봉자는 프로진행 중 작은 오류 하나 때문에 주요 앵커 자리에서 밀린다. 방송계에서의 고액 연봉 자리는 그렇다. 사소한 오류도 허용하지 않는다.

그렇다면 제시카 새비치와 이효리의 공통점은 무엇일까? 바로 감정적 단절을 피한 것이다.

한지붕 아래서 직무 연관자들끼리 감정적 교류를 안 하는 것을 감정적 단절이라 한다. 성공하려면 일터에서 사람들과 감정적 교류를 잘하라. 감정적 단절을 피하라. 이것이 고액의 연봉을 받기 위한 기술이다.

원하는 대로 양념해 주어라

> 원하는 대로 양념해 주어라. 이것이 고액 연봉자가 되는 길이다. 한 개인이 고액 연봉자가 된 후에는 자신의 자녀도 고액 연봉자가 되게 할 가능성이 높다.

자녀가 고액 연봉의 꿈을 가질 수 있도록 자녀에게 정보를 제공하는 부모는 현명한 부모이다. 아이에게 꿈을 갖게 하면 아이는 의욕을 갖게 된다. 작은 꿈이라도 꿈을 가지면 아이는 성장한다. 작은 꿈이 아이를 성장시키게 만들어라. 그러면 열매를 맺는 큰 꿈이 될 수 있다. 꿈을 지니면 고액 연봉자로 나아갈 수 있다.

또 자녀에게 연봉 경쟁 세상을 보여주어라. 그렇게 하여 세상에서 지나치게 이상적인 것들을 획득하게 된다는 환상을 갖지 않게 하는 것도 필요하다.

세상에 존재하는 것들은 변하기 마련이다. 변화의 물결을 보라. 그리고 변화 속에서 무엇이 파생되는가를 바라보아라. 자녀들에게 필요한 진로 방향을 제시하라. 이런 역량을 갖추는 부모가 되기를 꿈꿔 보자.

자녀들에게 무엇을 기준으로 진로 컨설팅을 할 것인가?

첫째, 인간의 변화를 영민하게 바라보게 하라. 그러면 사람들의 욕망이 어떻게 달라지는가를 발견하게 될 것이다.

인간의 마음 변화를 읽어라. 인간의 소비 패턴을 파악해가라. 이런 노력은 인간의 변화를 영민하게 분석하는 데 도움이 될 것이다.

둘째, 연봉 시스템의 변화를 자세히 들여다보게 하라. 그런 부모라면 자녀의 앞길에 대한 전망을 제대로 제시할 수 있을 것이다. 연봉 변화를 읽어가지 않으면 자녀들의 미래 연봉 컨설팅을 하기가 어렵다. 연봉 변화를 추적하면서 시대를 읽게 하라. 연봉 변화의 속도가 매우 빠르다. 이런 속도를 따라가면서 일에 대한 관심 영역을 심화시키게 하라. 연봉 변화를 공부하지 않고는 무슨 진로를 택해도 연봉으로 성공하는 인재가 되기 어렵다.

셋째, 글로벌 가치를 인식하게 하라. 이런 인식은 자발적인 상태에서 이뤄진다. 스스로 보고 체험하게 하라. 지구촌의 시민이라는 인식을 갖게 하라. 그리하여 이민족의 자존심을 존중하게 하라. 다른 민족과 공존하는 태도를 가르치자. 세계 시민의식과 매너를 기를 수 있는 기회를 제공하라. 그렇게 하면 자녀들이 세계 모범 시민으로 성장하게 될 것이다. 아이들이 일할 미래 여건은 다국적 환경이다. 다국적 기업 환경은 이질문화를 잘 받아들여야 하는 환경이다. 다국적 직장 조직이 지구촌의 기업 여건의 주류를 형성하게 된다. 세상 속에서 글로벌 가치를 기준으로 말하고 행동하는 습성을 함양시켜주는 부모가 자녀를 고액 연봉자로 인도한다.

넷째, 공정한 경쟁의식을 체험적으로 경험하게 하라. 앞으로의 일터는 내부경쟁, 외부경쟁이 지금보다 더 치열해진다. 이런 여건 속에서 연봉 경쟁을 앞두고 성공적으로 일하려면 공정한 경쟁의식을 갖는 것이 중요하다.

자기의 역량을 발휘하되, 항상 신사도를 유지하면서 경쟁하게 하라. 지나친 경쟁을 자제하게 하라. 하지만 경쟁을 기피하게 만들어서도 안 된다. 정당한 경쟁의식을 함양하게 하는 것이 바람직하다.

다섯째, 그들이 하면서 흥미를 저절로 느끼는 일의 컨텐츠가 무엇인가를 집안에서 말하게 하라. 그렇게 하여 자기의 커리어 패스(career path)를 정해가도록 도와라. 가능한 한 일과 접할 기회를 제공하라. 지금 우리의 아이들은 중·고교 교육을 받으면서 공부하는 시간에 집중하기도 바쁘다. 하지만 하루 이틀 정도라도 일을 체험하게 하라. 그러면 자녀의 미래의 연봉 컨텐츠를 구체화하는데 도움이 될 것이다. 부모가 강요하기보다는 스스로 선택할 수 있는 정보를 제공하라. 다만 선택은 자녀의 자율 의지로 할 수 있게 하라. 이런 방식이 진로 갈등을 최소화한다. 경력 발전 단계인 커리어 연봉에 대하여 자녀와 대화하라. 이런 의견교환은 자주 나눌수록 도움이 된다.

여섯째, 일 속에서 경제적인 자립구도를 어떻게 짤 것인가에 대한 대화를 강화하라. 뭘 해서 먹고 살아갈 것인가를 질문해보라.

모험심을 발휘하라

▌ 모험심을 발휘하라. 그렇게 해야 고액 연봉자가 될 수 있다.

세상에는 능력이 부족한 사람이 고액 연봉을 받는 모순도 있다. 하지만 이런 모순은 점차 찾기 어려워 질 것이다.

연봉의 기회에서 연봉 배팅 기회가 온다. 이런 기회가 오는 직업 분야가 바로 영화 분야의 일들이다.

연봉을 통해서 개인이 성장할 기회가 온다.

김정현, 조은숙 주연의 영화가 제작되었다. 어일선 감독의 작품이다. 어 감독은 모험심으로 일한다.

영화 〈플라스틱 트리〉는 영화가 완성되기 전에 베네룩스 3국 등에 수출되어 제작비의 60%가 조달되었다. 미리 수출 계약이 된 것이다. 나머지 제작비도 영화의 사전수출로 충당되었다. 100% 외국 자본으로 제작되는 셈이다. 이런 경우는 외국에서는 쉽게 볼 수 있는 광경이다. 하지만 한국에서는 최초이다.

이 영화는 프랑스 영화사인 RG프린스 필름에 의해서 제작되었다. 이런 스타일의 영화에서 제작자들은 높은 수입을 올릴 가능성이 커졌다. 모험심에 의해서 이런 여건이 만들어진 것이다. 모든 영화가다 그런 것은 아니다. 하지만 미리 수출되어 제작비가 해외에서 조달되는 것은 바람직하다. 이후 흥행성이 약간만 유지되어도 이익은 증가할 것이다.

　손익을 공유하지 않는 경영참가제를 하는 기업은 피하라. 이런 직장은 폐쇄적 성향의 직장이다. 이런 직장은 몇 사람의 능력이 뛰어나면 그 사람들의 연봉만 높게 책정할 수 있다. 모든 직원들은 평등하게 대우받기를 희망한다.

　모험을 해보라. 모험을 해보면 연봉이 인상되는 속도도 빨라진다. 모험하라. 그러면 역량도 배가된다. 하지만 과학에 근거한 모험을 하라. 통계에 근거한 모험을 하라. 세상이 그렇게 만만한 곳이 아님도 인식하고 모험하라. 하지만 무모하게는 하지 말라.

현 임금구조를 비판하라

높은 연봉을 받기 위해서는 필요 충분 조건을 갖추어야 한다. 먼저 질문을 잘 만들면 연봉이 올라간다. 질문 구성은 역량 표현의 총체이다. 질문을 잘하는 사람이 되어라. 질문을 잘하면 승진이 빨라진다. 그 결과 이른 시기에 이사가 될 수 있다.

필요 충분 조건을 갖추는 것이 직장 조직에서 연봉을 향상시키는 지름길이 된다.

"이사가 되기 전에는 돈이 안 모아진다."

이 말은 외국 회사의 이사로 있는 C씨의 말이다. 부장이 되는 시기를 38세라고 가정해보자. 외국 회사에서 부장이 되면 연봉 8,000만 원 정도를 받는다. 21세기 초에 그렇다는 말이다. 이 연봉으로는 돈이 안 된다.

돈을 모으려면 이사가 되어라. 이사의 연봉은 1억 3,000만 원 정도이다. 그러면 1년에 약 5,000만 원을 저축할 수 있다. 10년만 저축하라. 현금 자산이 5억 원이다. 42살 무렵에 이사가 되어라. 그러면 53세에 5억 원의 현금을 가진다. 빨리 이사가 될수록 좋다. 이것이 연봉으로 현금을 모으는 방법이다. 승진과 돈 모으기는 상당히 긴밀한 관계를 갖는다. 이 점을 알아야 한다. 연봉으로 현금을 저축하기는 쉽지 않다. 연봉으로 현금을 모으려면 빨리 승진을 하라. 특히 글로벌 기업일수록 그렇다.

39세쯤에 이사가 되어라. 그러면 여러분은 59세에 현금 17억 원 정도를 저축해둘 수 있다. 순수한 연봉만으로 그렇다. 자녀 학비, 제 비용을 다하고도 저축할 돈이 생긴다. 이사가 되어 한 곳에 있는 사람도 있다. 그렇지만 연봉을 높이면서 다른 회사로 몇 번 이동하라. 그러면 39세에서 59세까지 20년간 이사급 이상으로 일하면서 돈을 더 모으게 된다. 정당한 저축이다. 조기 승진은 외국 회사에서 더 유리하다.

국가마다 연봉 체계가 다르다. 한국도 머슴제도에 의해서 연봉이라는 개념이 존재한 것을 알 수 있다. 해방 후 먹여 주고 재워 주면서 연봉으로 가을 추수기에 쌀 몇 가마니를 머슴에게 주던 제도가 그것이다.

일본과 미국의 임금 시스템

일본 기업의 연봉은 임금 후불제도를 기초로 하고 있다.

일본은 후불제 임금구조, 미국은 직불제 임금구조, 한국은 혼불제 임금구조를 실시하고 있다. 우리나라의 혼불제는 직불제와 후불제를 합친 제도이다.

일본 기업의 경우 근속연수가 몇 년 안 되면 보수가 낮다. 하지만 30년 이상 근무하면 임금이 높아진다. 철저한 후불제이다. 최근 들어서는 직불제 행태를 보이는 기업도 일부 있다. 하지만 후불제라는 평가가 어울린다.

이런 임금제도는 비판할 점이 많다. 임금제도를 비판하라. 그래야 고액 연봉자의 길로 갈 수 있다.

이 점을 생각해서 기업을 택해야 한다.

미국은 직불제 임금구조를 갖는다. 성과에 대한 보상을 바로 한다. 성과에 대하여 바로 반응한다. 임금으로 동기를 불러일으키기도 한다. 성과 보상이 즉시 이뤄진다. 성과 보상을 미루지는 않는다. 그래서 높은 연봉을 받으려면 미국 기업으로 진출하라. 이 말은 틀린 말은 아니다. 다만 명심해야 할 것은 임금 변화가 심한 곳이 미국 기업이다. 성과에 의해서 연봉 금액이 매년 달라진다. 미국 기업은 1년 단위로 연봉계약을 맺게 된다.

미국인들은 임금 후불제를 이해하지 못한다. 곧바로 성과에 대한 보상을 바란다. 작은 금액이라도 성과는 바로 임금과 연결된다.

미국 기업의 임금은 사람 능력의 현재적 화폐화이다.

한국 기업은 혼불제 임금구조를 갖는다. 미국의 임금제도, 일본의 임금제도로부터 영향을 받은 결과이다. 처음부터 임금을 높게 책정한 기업도 있다. 신한은행을 예로 들 수 있다. 한국에는 직불과 후불의 중간지대에서 적절한 타협을 한 기업들이 많다.

국가마다 연봉 시스템은 다르다. 최근에 중국에서는 일할 사람은

많고 자리는 한정되어서, 자료에 따르면 2002년 연봉의 60%만 받고
도 일할 사람들이 많다고 한다. 중국이 겪는 현대화 과정에서 거리로
나온 약 1000만 명의 사람들이 일자리를 찾아나서는 상황이 가속화
되고 있음을 보여 주는 경우이다.

질문 구성력을 함양하라. 그러면 외국인 회사에서 일할 수 있는 역
량이 더 향상될 것이다.

매일 시대의 흐름을 읽어라. 연봉에 대한 개념을 갖고 일을 시작하
라. 의외로 연봉에 대한 개념이 부족한 사람들이 많다. 연봉에 대한 개
념 없이 일을 시작하는 사람과 그렇지 않은 사람 사이에는 차이가 많
다. 연봉에 대한 개념을 갖고서 일하기 위해서는 무엇이 필요할까?

첫째, 연봉은 그 자체로서 의미가 있다는 생각을 해야 한다.

둘째, 연봉을 통해서 개인의 성장 동력이 새로워질 계기가 생긴다.

셋째, 연봉으로 자립할 수 있다.

넷째, 연봉으로 자기의 생활이 풍요로워질 수 있다.

다섯째, 연봉으로 지속적인 자기 발전에 재투자 기회가 생긴다.

높은 연봉을 향한 항해는 개인에게 일의 주요한 동인(動因)이다.
연봉에 대한 생각을 하라. 연봉 설계를 잘하는 개인은 자기 경영에서
승리할 수 있다. 높은 연봉은 전략이다. 연봉은 개인의 미래를 위한
꿈의 구현 수단이 되기도 한다. 연봉을 생각하면서 일하기 시작하라.
그렇게 하면 더욱 높은 의욕으로 일에 임할 수 있을 것이다. 하지만

가치관과 연봉을 동시에 추구하라. 이것이 성공하는 직업인이 되는 조건이 될 것이다.

가림출판사 · 가림M&B · 가림Let's에서 나온 책들

  문 학

바늘구멍
켄 폴리트 지음 / 홍영의 옮김
미국 추리작가 협회의 최우수 장편상을 받은 초유의 베스트 셀러로 전쟁을 통한 두뇌싸움을 치밀하고 밀도 있게 그려낸 추리소설. 신국판 / 342쪽 / 5,300원

레베카의 열쇠
켄 폴리트 지음 / 손연숙 옮김
최고의 모험, 폭력, 음모 그리고 미국적인 열정 속에 담긴 두 남녀의 사랑이야기를 독자들의 상상을 뒤엎는 확실한 긴장감으로 마지막까지 흥미진진한 켄 폴리트의 장편 추리소설.
신국판 / 492쪽 / 6,800원

암병선
니시무라 쥬코 지음 / 홍영의 옮김
암병선을 무대로 인간생명의 존엄성을 지키기 위해 불의와 맞서는 시라도리 선장의 꿋꿋한 의지와 애절한 암환자들의 심리가 생생하게 묘사된 근래 보기드문 걸작.
신국판 / 300쪽 / 4,800원

첫키스한 얘기 말해도 될까
김정미 외 7명 지음
이 시대의 젊은 작가 8명이 가슴속 깊이 간직했던 나만의 소중한 이야기를 살짝 털어놓은 상큼한 비밀 이야기.
신국판 / 228쪽 / 4,000원

사미인곡 上·中·下
김충호 지음
파란만장한 일생을 보낸 정철의 생애를 통해 난세를 살아가는 우리에게 삶의 지혜와 기쁨을 선사하는 대하 역사 소설. 신국판 / 각 권 5,000원

이내의 끝자리
박수완 스님 지음
앞만 보고 살아가는 우리에게 자신을 뒤돌아볼 수 있는 여유를 갖게 해주는 승려시인의 가슴을 울리는 주옥 같은 시집. 국판변형 / 132쪽 / 3,000원

너는 왜 나에게 다가서야 했는지
김충호 지음
세상에 대한 사랑의 아픔, 그리움, 영혼에 대한 고뇌를 달래야 했던 시인이 살아 있는 영혼을 지닌 이들에게 전하는 사랑의 메시지. 국판변형 / 124쪽 / 3,000원

세계의 명언
편집부 엮음
위인이나 유명인들의 글, 연설문 혹은 각 나라에서 전해져 오는 속담을 통하여 지난날을 되새겨보는 백과전서로서, 오늘을 반성하는 교과서로서, 그리고 미래를 설계하는 참고서로서 역할을 해줄 것이다. 신국판 / 322쪽 / 5,000원

여자가 알아야 할 101가지 지혜
제인 아서 엮음 / 지창국 옮김
남녀가 함께 살면서 경험으로 터득한 의미심장하면서도 재미있는 조언들을 발췌한 내용으로 독신의 삶을 청산하려는 이들이 알아야 할 유용하고 상상력 풍부한 힌트로 가득찬 감동의 메시지이다. 4·6판 / 132쪽 / 5,000원

현명한 사람이 읽는 지혜로운 이야기
이정민 엮음
현대를 살아가는 우리들에게 삶의 가치를 부여해주고 자기성찰의 기회를 갖게 해준다. 신국판 / 236쪽 / 6,500원

성공적인 표정이 당신을 바꾼다
마츠오 도오루 지음 / 홍영의 옮김
자신뿐만 아니라 주위 사람들의 마이너스 사고를 플러스 사고로 바꾸어서 사람의 마음을 움직이며, 그리고 사람의 마음에 남는 최고의 웃는 얼굴을 만드는 비법 총망라!
신국판 / 240쪽 / 7,500원

태양의 법
오오카와 류우호오 지음 / 민병수 옮김
불법 진리 사상의 윤곽과 그 목적·사명을 명백히 함으로써 한사람 한사람의 인간이 깨달음을 추구하고 영적으로 깨우치기 위한 명확한 방향을 제시하였다.
신국판 / 246쪽 / 8,500원

영원의 법
오오카와 류우호오 지음 / 민병수 옮김
일찍이 설해졌던 적도 없고 앞으로도 설해지지 않을 구원의 진리를 한 권의 책에 이론적 형태로 응축한 기본 삼법의 완결편. 신국판 / 240쪽 / 8,000원

석가의 본심
오오카와 류우호오 지음 / 민병수 옮김
석가모니의 사고방식을 현대인들에 맞게 써 현대인들이 친근하게 석가모니에게 다가설 수 있게 한 불교 가이드서.
신국판 / 246쪽 / 10,000원

옛 사람들의 재치와 웃음

강형중 · 김경익 편저

옛 사람들의 재치와 해학을 통해 한문의 묘미를 터득하고 한자를 재미있게 배우며 유머감각까지 높일 수 있는 일석삼조의 효과 만점. 신국판 / 316쪽 / 8,000원

지혜의 쉼터

쇼펜하우어 지음 / 김충호 엮음

쇼펜하우어의 철학체계를 통하여 풍요로운 삶의 지혜를 얻고 기쁨을 얻을 수 있도록 꾸며 놓은 철학이야기.
4 · 6판 양장본 / 160쪽 / 4,300원

헤세가 너에게

헤르만 헤세 지음 / 홍영의 엮음

순수한 애정과 자유를 갈구하는 헤세의 아름다운 세상을 통한 깨끗한 정신세계를 공유할 수 있는 기회를 제공.
4 · 6판 양장본 / 144쪽 / 4,500원

사랑보다 소중한 삶의 의미

크리슈나무르티 지음 / 최윤영 엮음

금세기 최고의 사상가이자 철학자인 크리슈나무르티가 인간의 정신적 사고의 구조와 본질을 규명하여 인간의 삶에 대한 가장 완벽한 해답을 제시. 신국판 / 180쪽 / 4,000원

장자-어찌하여 알 속에 털이 있다 하는가

홍영의 엮음

동양 사상의 저변에 흐르고 있는 자연에의 경외감을 유감없이 표현한 장자를 통하여 인간 본연의 자세로 돌아가 나를 돌아보는 계기를 만들어 주는 책.
4 · 6판 / 180쪽 / 4,000원

논어-배우고 때로 익히면 즐겁지 아니한가

신도회 엮음

인간에게 필요불가결한 윤리와 도덕생활의 교훈들을 평이한 문체로 광범위하게 집약한 논어의 모든 것!!
4 · 6판 / 180쪽 / 4,000원

맹자-가까이 있는데 어찌 먼 데서 구하려 하는가

홍영의 엮음

반성과 자책을 통해 잃어버린 양심을 수습하고 선으로 복귀할 것을 천명하는 맹자 사상의 집대성!!
4 · 6판 / 180쪽 / 4,000원

아름다운 세상을 만드는 사랑의 메시지 365

DuMont monte Verlag 엮음 / 정성호 옮김

독일에서 출간 이후 1백만 권 이상 판매된 베스트셀러. 특별히 소중한 사람을 행복하게 만드는 독창적인 사랑고백법 365가지를 수록한 마음이 따뜻해지는 책.
4 · 6판 변형 양장본 / 240쪽 / 8,000원

황금의 법

오오카와 류우호오 지음 / 민병수 옮김

불법진리의 연구 및 공부를 통하여 종교적 깨달음의 깊이를 더해 주는 불서. 신국판 / 320쪽 / 12,000원

왜 여자는 바람을 피우는가?

기젤라 룬테 지음 / 김현성 · 진정미 옮김

각계 각층의 여자들과의 인터뷰를 바탕으로 하여 여자들이 바람 피우는 이유를 진솔하게 해부한 여성 탐구서.
국판 / 200쪽 / 7,000원

  건 강

식초건강요법

건강식품연구회 엮음 / 신재용(해성한의원 원장) 감수

가장 쉽게 구할 수 있고 경제적인 식품이면서 상상할 수 없을 정도로 뛰어난 약효를 지닌 식초의 모든 것을 담은 건강 지침서! 신국판 / 224쪽 / 6,000원

아름다운 피부미용법

이순희(한독피부미용학원 원장) 지음

피부조직에 대한 기초 이론과 우리 몸의 생리를 알려줌으로써 아름다운 피부, 젊은 피부를 오래 유지할 수 있는 비결 제시! 신국판 / 296쪽 / 6,000원

버섯건강요법

김병각 외 6명 지음

종양 억제율을 100%에 가까운 96.7%를 나타내는 기적의 약용버섯 등 신비의 버섯을 통하여 암을 치료하고 비만, 당뇨, 고혈압, 동맥경화 등 각종 성인병 예방을 위한 생활 건강 지침서! 신국판 / 286쪽 / 8,000원

성인병과 암을 정복하는 유기게르마늄

이상현 편저 / 카요 샤오이 감수

최근 들어 각광을 받고 있는 새로운 치료제인 유기게르마늄을 통한 성인병, 각종 암의 치료에 대해 상세히 소개.
신국판 / 312쪽 / 9,000원

난치성 피부병

생약효소연구원 지음

현대의학으로도 치유불가능했던 난치성 피부병인 건선 · 아토피(태열)의 완치요법이 수록된 건강 지침서.
신국판 / 232쪽 / 7,500원

新 방약합편

정도명 편역

자신의 병을 알고 증세에 맞춰 스스로 처방을 할 수 있고 조제할 수 있는 보약 506가지 수록.
신국판 / 416쪽 / 15,000원

자연치료의학

오홍근(신경정신과 의학박사 · 자연의학박사) 지음

대한민국 최초의 자연의학박사가 밝힌 신비의 자연치료의학으로 자연산물을 이용하여 부작용 없이 치료하는 건강 생활 비법 공개!! 신국판 / 472쪽 / 15,000원

약초의 활용과 가정한방
이인성 지음
주변의 흔한 식물과 약초를 활용하여 각종 질병을 간편하게 예방·치료할 수 있는 비법제시.
신국판 / 384쪽 / 8,500원

역전의학
이시하라 유미 지음 / 유태종 감수
일반상식으로 알고 있는 건강상식에 대해 전혀 새로운 관점에서 비판하고 아울러 새로운 방법들을 제시한 건강 혁명 서적!! 신국판 / 286쪽 / 8,500원

이순희식 순수피부미용법
이순희 (한독피부미용학원 원장) 지음
자신의 피부에 맞는 관리법으로 스스로 피부관리를 할 수 있는 방법을 제시하고 책 속 부록으로 천연팩 재료 사전과 피부 타입별 팩 고르기. 신국판 / 304쪽 / 7,000원

21세기 당뇨병 예방과 치료법
이현철 (연세대 의대 내과 교수) 지음
세계 최초 유전자 치료법을 개발한 저자가 당뇨병과 대항하여 가장 확실하게 이길 수 있는 당뇨병에 대한 올바른 이론과 발병시 대처 방법을 상세히 수록!
신국판 / 360쪽 / 9,500원

신재용의 민의학 동의보감
신재용 (해성한의원 원장) 지음
주변의 흔한 먹거리를 이용하여 신비의 명약이나 보약으로 활용할 수 있는 건강 지침서로서 저자가 TV나 라디오에서 다 밝히지 못한 한방 및 민간요법까지 상세히 수록!!
신국판 / 476쪽 / 10,000원

치매 알면 치매 이긴다
배오성 (백상한방병원 원장) 지음
B.O.S.요법으로 뇌세포의 기능을 활성화시키고 엔돌핀의 분비효과를 극대화시켜 증상에 맞는 한약 처방을 병행하여 치매를 치유하는 획기적인 치유법 제시.
신국판 / 312쪽 / 10,000원

21세기 건강혁명 밥상 위의 보약 생식
최경순 지음
항암식품으로, 다이어트식으로, 젊고 탄력적인 피부를 유지할 수 있게 해주는 자연식으로의 생식을 소개하여 현대인들의 건강 길라잡이가 되도록 하였다.
신국판 / 348쪽 / 9,800원

기치유와 기공수련
윤한홍 (기치유 연구회 회장) 지음
누구나 노력만 하면 개발할 수 있고 활용할 수 있는 기 수련 방법과 기치유 개발 방법 소개.
신국판 / 340쪽 / 12,000원

만병의 근원 스트레스 원인과 퇴치
김지혁 (김지혁한의원 원장) 지음
만병의 근원인 스트레스를 속속들이 파헤치고 예방법까지 속시원하게 제시!! 신국판 / 324쪽 / 9,500원

김종성 박사의 뇌졸중 119
김종성 지음
우리나라 사망원인 1위. 뇌졸중 분야의 최고 권위자인 저자가 일상생활에서의 건강관리부터 환자간호에 이르기까지 뇌졸중의 예방, 치료법 등 모든 것 수록.
신국판 / 356쪽 / 12,000원

탈모 예방과 모발 클리닉
장정훈·전재홍 지음
미용적인 측면과 우리가 일상적으로 고민하고 궁금해 하는 털에 관한 내용들을 다양하고 재미있게 예들을 들어가면서 흥미롭게 풀어간 것이 이 책의 특징.
신국판 / 252쪽 / 8,000원

구태규의 100% 성공 다이어트
구태규 지음
하이틴 영화배우의 다이어트 체험서.
저자만의 다이어트법을 제시하면서 바람직한 다이어트에 대해서도 알려준다. 건강하게 날씬해지고 싶은 사람들을 위한 필독서! 4×6배판 변형 / 240쪽 / 9,900원

암 예방과 치료법
이춘기 지음
암환자와 가족들을 위해서 암의 치료방법에서부터 합병증의 예방 및 암이 생기기 전에 알 수 있는 방법에 이르기까지 상세하게 해설해 놓은 책. 신국판 / 296쪽 / 11,000원

알기 쉬운 위장병 예방과 치료법
민영일 지음
소화기관인 위와 관련 기관들의 여러 질환을 발병 원인, 증상, 치료법을 중심으로 알기 쉽게 해설해 놓은 건강서.
신국판 / 328쪽 / 9,900원

이온 체내혁명
노보루 야마노이 지음 / 김병관 옮김
새로운 건강관리 이론으로 주목을 받고 있는 음이온을 통해 건강을 돌볼 수 있는 방법 제시. 신국판 / 272쪽 / 9,500원

어혈과 사혈요법
정지천 지음
침과 부항요법 등을 사용하여 모든 질병을 다스릴 수 방법과 우리 주변에서 흔하게 접할 수 있는 각 질병의 상황별 처치를 혈자리 그림과 함께 해설. 신국판 / 308쪽 / 12,000원

약손 경락마사지로 건강미인 만들기
고정환 지음
경락과 민족 고유의 정신 약손을 결합시킨 약손 성형경락 마사지로 수술하지 않고도 자신이 원하는 부위를 고치는 방법을 제시하는 건강 미용서.
4×6배판 변형 / 284쪽 / 15,000원

정유정의 LOVE DIET
정유정 지음
널리 알려진 온갖 다이어트 방법으로 살을 빼려고 노력했던 저자의 고통스러웠던 다이어트 체험담이 실려 있어 지금 살 때문에 고민하는 사람들이 가슴에 와 닿는 나만의 다이어트 계획을 나름대로 세울 수 있을 것이다.
4×6배판 변형 / 196쪽 / 10,500원

머리에서 발끝까지 예뻐지는 부분다이어트
신상만 · 김선민 지음

한약을 먹거나 침을 맞아 살을 빼는 방법, 아로마요법을 이용한 다이어트법, 운동을 이용한 부분비만 해소법 등이 실려 있으므로 나에게 맞는 방법을 선택해 날씬하고 예쁜 몸매를 만들 수 있을 것이다.   4×6배판 변형 / 196쪽 / 11,000원

알기 쉬운 심장병 119
박승정 지음

서울아산병원 심장 내과에 있는 저자가 심장병에 관해 심장질환이 생기는 원인, 증상, 치료법을 중심으로 내용을 상세하게 해설해 놓은 건강서.   신국판 / 248쪽 / 9,000원

알기 쉬운 고혈압 119
이정균 지음

생활 속의 고혈압에 관해 일반인들이 관심을 가지고 예방할 수 있도록 고혈압의 원인, 증상, 합병증 등을 상세하게 해설해 놓은 건강서.   신국판 / 304쪽 / 10,000원

여성을 위한 부인과질환의 예방과 치료
차선희 지음

남들에게는 말할 수 없는 증상들로 고민하고 있는 여성들을 위해 부인암, 골다공증, 빈혈 등 부인과질환을 원인 및 치료방법을 중심으로 설명한 여성건강 정보서.
신국판 / 304쪽 / 10,000원

알기 쉬운 아토피 119
이승규 · 임승엽 · 김문호 · 안유일 지음

감기처럼 흔하지만 암만큼 무서운 아토피 피부염의 원인에서부터 증상, 치료방법, 임상사례, 민간요법을 적용한 환자들의 경험담 등 수록.   신국판 / 232쪽 / 9,500원

120세에 도전한다
이권행 지음

아프지 않고 건강하게 오래 살기를 바라는 현대인들에게 우리 체질에 맞는 식생활습관, 심신 활동, 생활습관, 체질별 · 나이별 양생법을 소개. 장수하고픈 독자들의 궁금증을 풀어줄 것이다.   신국판 / 308쪽 / 11,000원

건강과 아름다움을 만드는 요가
정판식 · 노진이 지음

책을 보고서 집에서 혼자서도 할 수 있는 요가법 수록. 각종 질병에 따른 요가 수정체조법도 담았으며, 별책 부록으로 한눈에 보는 요가 차트 수록.
4×6배판 변형 / 224쪽 / 14,000원

우리 아이 건강하고 아름다운 롱다리 만들기
김성훈 지음

키 작은 우리 아이를 롱다리로 만드는 비법공개. 식사습관과 생활습관만의 변화로도 키를 크게 할 수 있으므로 키 작은 자녀를 둔 부모의 고민을 해결해 준다.
대국전판 / 236쪽 / 10,500원

교 육

우리 교육의 창조적 백색혁명
원상기 지음

자라나는 새싹들이 기본적인 지식과 사고를 종합적 · 창조적으로 발전시켜 창조적인 사고능력을 배양할 수 있도록 한 교육지침서.   신국판 / 206쪽 / 6,000원

현대생활과 체육
조창남 외 5명 공저

각종 현대병의 원인과 예방 및 운동요법에 대한 이론과 요즘 각광받는 골프 · 스키 · 볼링 등의 레저스포츠 총망라한 생활체육 총서.   신국판 / 340쪽 / 10,000원

퍼펙트 MBA
IAE유학네트 지음

기존의 관련 도서들과는 달리 Top MBA로 가는 길을 상세하고 완벽하게 수록. 가장 완벽하고 충실한 최신 정보 제공.   신국판 / 400쪽 / 12,000원

유학길라잡이Ⅰ-미국편
IAE유학네트 지음

미국의 교육제도 및 유학을 가기 위해서 준비해야 할 절차, 미국 현지 생활 정보, 최신 비자정보 등을 한눈에 볼 수 있는 유학길라잡이.   4×6배판 / 372쪽 / 13,900원

유학길라잡이Ⅱ-4개국편
IAE유학네트 지음

영어권 국가인 영국 · 캐나다 · 호주 · 뉴질랜드의 현지 정보 · 교육제도 및 각 국가별 학교의 특화된 교육내용 완전 수록!!   4×6배판 / 348쪽 / 13,900원

조기유학길라잡이.com
IAE유학네트 지음

영어권으로 나이 어린 자녀를 유학보내기 위해 준비중인 학부모 및 준비생들이 반드시 읽어야 할 필독서!! 영어권 나라의 교육제도 및 학교별 데이터를 완벽하게 수록하여 유학정보서의 질을 한 단계 상승시킨 결정판!!
4×6배판 / 428쪽 / 15,000원

현대인의 건강생활
박상호 외 5명 공저

현대인들의 건강한 삶을 위한 사회체육의 중요성을 강조. 건강과 체력 증진을 위한 기본상식, 노인과 건강 등 이론과 스쿼시 · 스키 · 윈드 서핑 등 레저스포츠 등의 실기편으로 이루어진 알찬 내용 수록.   4×6배판 / 268쪽 / 15,000원

천재아이로 키우는 두뇌훈련
나카마츠 요시로 지음 / 민병수 옮김

머리 좋은 아이로 키우기 위한 환경 만들기, 식사, 운동 등 연령별 두뇌 훈련법 소개.   국판 / 288쪽 / 9,500원

테마별 고사성어로 익히는 한자
김경익 지음

세글자, 네글자로 이루어진 고사성어를 통해 실용한자를

익히고 성어 속에 담긴 의미도 오늘에 맞게 재해석 해보는
한자 학습서.   4×6배판 변형 / 248쪽 / 9,800원

生생 공부비법
이은승 지음
국내 최초 수학과외 수출의 주인공 이은승이 개발한 자기
만의 맞춤식 공부학습법 소개. 공부도 하는 법을 알면 목표
를 달성할 수 있다고 용기를 북돋우어 주는 실전 공부 비법
서.   신국판 변형 / 272쪽 / 9,500원

취미·실용

김진국과 같이 배우는 와인의 세계
김진국 지음
포도주 역사에서 분류, 원료 포도의 종류와 재배, 양조·숙
성·저장, 시음법, 어울리는 요리와 와인의 유통과 소비,
와인 시장의 현황과 전망, 와인 판매 요령, 와인의 보관과
재고의 회전, '와인 양조 비밀의 모든 것'을 동영상으로 제
작한 CD까지, 와인의 모든 것이 담긴 종합학습서.
국배판 변형 양장본(올 컬러판) / 208쪽 / 30,000원

경제·경영

CEO가 될 수 있는 성공법칙 101가지
김승룡 편역
또 한 번의 경제위기를 겪고 있는 우리의 현실을 극복하고
일어설 수 있는 리더로서의 역할과 책임에 대한 명확한 해
답을 제시해줄 것이다.   신국판 / 320쪽 / 9,500원

정보소프트
김승룡 지음
홍수처럼 쏟아지는 정보를 수집·분석하여 효과적으로 활
용하는 방법을 총망라한 정보 전략 완벽 가이드!!
신국판 / 324쪽 / 6,000원

기획대사전
다카하시 겐코 지음 / 홍영의 옮김
기획에 관련된 모든 사항을 실례와 도표를 통하여 초보자
에서 프로기획맨에 이르기까지 효율적으로 활용할 수 있도
록 체계적으로 총망라하였다.   신국판 / 552쪽 / 19,500원

맨손창업·맞춤창업 BEST 74
양혜숙 지음
창업대행 현장 전문가가 추천하는 유망업종을 7가지 주제
별로 나누어 수록한 맞춤창업서로 창업예비자들에게 창업
의 길을 밝혀줄 발로 뛰면서 만든 실무 지침서!!

신국판 / 416쪽 / 12,000원

무자본, 무점포 창업! FAX 한 대면 성공한다
다카시로 고시 지음 / 홍영의 옮김
완벽한 FAX 활용법을 제시하여 가장 적은 자본으로 창업
하려는 예비자들에게 큰 투자를 필요로 하지 않으면서 성
공을 이끌어주는 길라잡이가 되는 실무 지침서.
신국판 / 226쪽 / 7,500원

성공하는 기업의 인간경영
중소기업 노무 연구회 편저 / 홍영의 옮김
무한경쟁시대에서 각 기업들의 다양한 경영 실태 속에서
인사·노무 관리 개선에 있어서 기업의 효율을 높이고 발
전을 이룰 수 있는 원칙을 제시.   신국판 / 368쪽 / 11,000원

21세기 IT가 세계를 지배한다
김광희 지음
21세기 화두로 떠오른 IT혁명의 경쟁력에 대해서 전문가의
논리적이고 철저한 해설과 더불어 매장 끝까지 실제 사례
를 곁들여 설명.   신국판 / 380쪽 / 12,000원

경제기사로 부자아빠 만들기
김기태·신현태·박근수 공저
날마다 배달되는 경제기사를 꼼꼼히 챙겨보는 사람만이 현
대생활에서 부자가 될 수 있다. 언론인의 현장감각과 학자
의 전문성을 접목시킨 것이 이 책의 특성! 누구나 이 책을
읽고 경제원리를 체득, 경제예측을 할 수 있게 준비된 생활
경제서.   신국판 / 388쪽 / 12,000원

포스트 PC의 주역 정보가전과 무선인터넷
김광희 지음
포스트 PC의 주역으로 급부상하고 있는 정보가전과 무선
인터넷 그리고 이를 구현하기 위한 관련 테크놀러지를 체
계적으로 소개.   신국판 / 356쪽 / 12,000원

성공하는 사람들의 마케팅 바이블
채수명 지음
최근의 이론을 보완하여 내놓은 마케팅 관련 실무서. 마케
팅의 정보전략, 핵심요소, 컨설팅실무까지 저자의 노하우
와 창의적인 이론이 결합된 마케팅서.
신국판 / 328쪽 / 12,000원

느린 비즈니스로 돌아가라
사카모토 게이이치 지음 / 정성호 옮김
미국식 스피드 경영에 익숙해져 현실의 오류를 간과하고
있는 사람들을 위한 어떻게 팔 것인가보다 무엇을 팔 것인
가를 차분히 설명하는 마케팅 컨설턴트의 대안 제시서!
신국판 / 276쪽 / 9,000원

적은 돈으로 큰돈 벌 수 있는 부동산 재테크
이원재 지음
700만 원으로 부동산 재테크에 뛰어들어 100배 불린 저자
가 부동산 재테크를 계획하고 있는 사람들이 반드시 알아
두어야 할 내용을 경험담을 담아 해설해 놓은 경제서.
신국판 / 340쪽 / 12,000원

바이오혁명
이주영 지음
21세기 국가간 경쟁부문으로 새로이 떠오르고 있는 바이오혁명에 관한 기초지식을 언론사에 몸담고 있는 현직 기자가 아주 쉽게 해설해 놓은 바이오 가이드서. 바이오 관련 용어 해설 수록. 신국판 / 328쪽 / 12,000원

두뇌혁명
나카마츠 요시로 지음 / 민병수 옮김
『뇌내혁명』 하루야마 시게오의 추천작!!
어른들을 위한 두뇌 개발서로, 풍요로운 인생을 만들기 위한 '뇌' 와 '몸' 자극법 제시.
4×6판 양장본 / 288쪽 / 12,000원

성공하는 사람들의 자기혁신 경영기술
채수명 지음
자기 계발을 통한 신지식 자기경영마인드를 갖추어야 한다는 전제 아래 그 방법을 자세하게 알려주는 자기계발 지침서. 신국판 / 344쪽 / 12,000원

CFO
교텐 토요오 · 타하라 오키지 지음 / 민병수 옮김
일반인들에게 생소한 용어인 CFO. 세계화에 발맞추어 기업이 경쟁력을 갖추려면 CFO, 즉 최고 재무책임자의 역할이 지금까지와는 완전히 달라져야 한다. 이에 기업을 이끌어가는 새로운 키잡이로서의 CFO의 역할, 위상 등을 일본의 기업을 중심으로 하여 알아보고 바람직한 방향을 제시한다. 신국판 / 312쪽 / 12,000원

네트워크시대 네트워크마케팅
임동학 지음
학력, 사회적 지위 등에 관계 없이 자신이 노력한 만큼 돈을 벌 수 있는 네트워크마케팅에 관해 알려주는 안내서.
신국판 / 376쪽 /12,000원

성공리더의 7가지 조건
다이앤 트레이시 · 윌리엄 모건 지음 / 지창영 옮김
개인과 팀, 조직관계의 개선을 위한 방향제시 및 실천을 위한 안내자 역할을 해주는 책. 현장에서 활용할 수 있는 실용서. 신국판 / 360쪽 / 13,000원

김종결의 성공창업
김종결 지음
누구나 창업을 할 수는 있지만 아무나 돈을 버는 것은 아니다라는 전제 아래 중견 연기자로서, 음식점 사장님으로 성공한 탤런트 김종결의 성공비결을 통해 창업전략과 성공전략을 제시한다. 신국판 / 340쪽 / 12,000원

최적의 타이밍에 내 집 마련하는 기술
이원재 지음
부동산을 통한 재테크의 첫걸음 '내 집 마련' 의 결정판. 체계적이고 한눈에 쏙 들어 오는 '내 집 장만 과정' 을 쉽게 풀어놓은 부동산재테크서. 신국판 / 248쪽 / 10,500원

컨설팅 세일즈 *Consulting sales*
임동학 지음
발로 뛰는 영업이 아니라 머리로 하는 영업이 절실히 요구되는 시대 상황에 맞추어 고객지향의 세일즈, 과제해결 세일즈, 구매자와 공급자 간에 서로 만족하는 세일즈법 제시.
대국전판 / 336쪽 / 13,000원

연봉 10억 만들기
김농주 지음
연봉으로 말해지는 임금을 재테크 하여 부자가 될 수 있는 방법 제시. 고액의 연봉을 받기 위해서 개인이 갖추어야 할 실무적 능력, 태도, 마음가짐, 재테크 수단 등을 각 주제에 따라 구체적으로 제시함으로써 부자를 꿈꾸는 사람들이 그 희망을 이룰 수 있게 해준다.
신국판 변형 / 216쪽 / 10,000원

주 식

개미군단 대박맞이 주식투자
홍성걸(한양증권 투자분석팀 팀장) 지음
초보에서 인터넷을 활용한 주식투자까지 필자의 현장에서의 경험을 바탕으로 한 주식 성공전략의 모든 정보 수록.
신국판 / 310쪽 / 9,500원

알고 하자! 돈 되는 주식투자
이길영 외 2명 공저
일본과 미국의 주식시장을 철저한 분석과 데이터화를 통해 한국 주식시장의 투자의 흐름을 파악함으로써 한국 주식시장에서의 확실한 성공전략 제시!! 신국판 / 388쪽 / 12,500원

항상 당하기만 하는 개미들의 매도 · 매수타이밍 999% 적중 노하우
강경무 지음
승부사를 꿈꾸며 와신상담하는 모든 이들에게 희망의 등불이 될 것을 확신하는 Jusicman이 주식시장에서 돈벌고 성공할 수 있는 비결 전격공개!! 신국판 / 336쪽 / 12,000원

부자 만들기 주식성공클리닉
이창희 지음
저자의 경험담을 섞어서 주식이란 무엇인가를 풀어서 써놓은 주식입문서. 초보자와 자신을 성찰해볼 기회를 가지려는 기존의 투자자를 위해 태어났다.
신국판 / 372쪽 / 11,500원

선물 · 옵션 이론과 실전매매
이창희 지음
선물과 옵션시장에서 일반인들이 실패하는 원인을 분석하고, 반드시 지켜야 할 투자원칙에 따라 유형별로 실전 매매테크닉을 터득함으로써 투자를 성공적으로 할 수 있게 한 지침서! 신국판 / 372쪽 / 12,000원

너무나 쉬워 재미있는 주가차트
홍성무 지음
주식시장에서는 차트 분석을 통해 주가를 예측하는 투자자만이 주식투자에서 성공하므로 차트에서 급소를 신속, 정확하게 뽑아내 매매타이밍을 잡는 방법을 알려주는 주식투자 지침서. 4×6배판 / 216쪽 / 15,000원

역 학

역리종합 만세력
정도명 편저
현존하는 만세력 중 최장 기간을 수록하였으며 누구나 이 책을 보고 자신의 사주를 쉽게 찾아보고 맞춰 볼 수 있게 하였다. 신국판 / 532쪽 / 10,500원

작명대전
정보국 지음
독자들 스스로 작명할 수 있도록 한글 소리 발음에 입각한 작명의 원리를 밝힌 길라잡이서. 신국판 / 460쪽 / 12,000원

하락이수 해설
이천교 편저
점서학인 하락이수를 직역으로 풀어 놓아 원작자의 깊은 뜻을 원형 그대로 전달하고 원문을 공부하려는 사람들에게 도움이 되는 해설서이다. 신국판 / 620쪽 / 27,000원

현대인의 창조적 관상과 수상
백운산 지음
관상학을 터득하여 적절히 운명에 대처해 나감으로써 어느 분야에서든지 성공적인 삶을 누릴 수 있는 비법을 전해줄 것이다. 신국판 / 344쪽 / 9,000원

대운용신영부적
정재원 지음
수많은 역사와 신비로운 영험을 지닌 1,000여 종의 부적과 저자가 수십 년간 연구·개발한 200여 종의 부적들을 집대성한 국내 최대의 영부적이다.
신국판 양장본 / 750쪽 / 39,000원

사주비결활용법
이세진 지음
컴퓨터와 역학의 만남!! 운명의 숨겨진 비밀을 꿰뚫어 보는 신녹현사주 방정식의 모든 것을 수록.
신국판 / 392쪽 / 12,000원

컴퓨터세대를 위한 新 성명학대전
박용찬 지음
이름 속에 운명을 바꾸는 비결이 있다. 태어난 아기 이름은 물론 개명·상호·아호 짓는 법까지 사람이 살아가면서 필요한 모든 이름 짓기가 총망라되어 각자의 개성과 사주에 맞게 이름을 짓는 작명비법을 수록.
신국판 / 388쪽 / 11,000원

길흉화복 꿈풀이 비법
백운산 지음
길몽과 흉몽을 구분하여 그림과 함께 보기 쉽게 엮었으며, 특히 요즘 신세대 엄마들에게 관심이 많은 태몽이 여러 가지로 자세하게 풀이되어 있다. 신국판 / 410쪽 / 12,000원

새천년 작명컨설팅
정재원 지음
혼자 배워야 하는 독자들도 정말 이해하기 쉽도록 구성된 신세대 부모를 위한 쉽고 좋은 아기 이름만들기의 결정판.
신국판 / 470쪽 / 13,000원

백운산의 신세대 궁합
백운산 지음
남녀궁합 보는 법뿐만 아니라 인간관계, 출세, 재물, 자손 문제, 건강문제, 성격, 길흉관계 등을 미리 규명할 수 있도록 쉽게 풀어놓았다. 신국판 / 304쪽 / 9,500원

동자삼 작명학
남시모 지음
최초의 한글 성명학으로 한글의 독창성·우수성·과학성을 운명철학 차원에서 검증한, 한국사람에게 알맞은 건물명·상호·물건명 등의 이름을 자신에게 맞는 한글이름으로 지을 수 있는 작명비법을 제시한다.
신국판 / 496쪽 / 15,000원

구성학의 기초
문길여 지음
방위학의 모든 것을 통하여 개인의 일생운·결혼운·사고운·가정운·부부운·자식운·출세운을 성공적으로 이끄는 비법 공개. 신국판 / 412쪽 / 12,000원

법률 일반

여성을 위한 성범죄 법률상식
조명원(변호사) 지음
성희롱에서 성폭력범죄까지 여성이었기 때문에 특히 말 못하고 당해야만 했던 이 땅의 여성들을 위한 성범죄 법률상식서. 사례별 법적 대응방법 제시. 신국판 / 248쪽 / 8,000원

아파트 난방비 75% 절감방법
고영근 지음
예비역 공군소장이 잘못 부과된 아파트 난방비를 최고 75%까지 줄일 수 있는 방법을 구체적인 법적 근거를 토대로 작성한 아파트 난방비 절감방법 제시.
신국판 / 238쪽 / 8,000원

일반인이 꼭 알아야 할 절세전략 173선
최성호(공인회계사) 지음
세법을 제대로 알면 돈이 보인다.
현직 공인중계사가 알려주는 합법적으로 세금을 덜 내고 돈을 버는 절세전략의 모든 것! 신국판 / 392쪽 / 12,000원

변호사와 함께하는 부동산 경매
최환주(변호사) 지음
새 상가건물임대차보호법에 따른 권리분석과 채무자나 세입자의 권리방어기법은 제시한다. 또한 새 민사집행법에 따른 각 사례별 해설도 수록. 신국판 / 404쪽 / 13,000원

혼자서 쉽고 빠르게 할 수 있는 소액재판
김재용 · 김종철 공저
나홀로 소액재판을 할 수 있도록 소장작성에서 판결까지의 실제 재판과정을 상세하게 수록하여 이 책 한 권이면 모든 것을 완벽하게 해결할 수 있다.   신국판 / 312쪽 / 9,500원

"술 한 잔 사겠다"는 말에서 찾아보는 채권 · 채무
변환철 지음
일반인들이 꼭 알아야 할 채권 · 채무에 관한 법률 사항을 빠짐없이 수록.   신국판 / 408쪽 / 13,000원

알기쉬운 부동산 세무 길라잡이
이건우 지음
부동산에 관련된 모든 세금을 알기 쉽게 단계별로 해설. 합리적이고 탈세가 아닌 적법한 절세법 제시.
신국판 / 400쪽 / 13,000원

알기쉬운 어음, 수표 길라잡이
변환철(변호사) 지음
어음, 수표의 발행에서부터 도난 또는 분실한 경우의 공시 최고와 제권판결에 이르기까지 어음, 수표 관련 법률사항을 쉽고도 상세하게 압축해 놓은 생활법률서.
신국판 / 328쪽 / 11,000원

제조물책임법
강동근 · 윤종성 공저
제품의 설계, 제조, 표시상의 결함으로 소비자가 피해를 입었을 때 제조업자가 배상책임을 져야 하는 제조물책임 시대를 맞아 제조업자가 갖춰야 할 법률적 지식을 조목조목 설명해 놓은 법률서.   신국판 / 368쪽 / 13,000원

알기 쉬운 주5일근무에 따른 임금 · 연봉제 실무
문강분 지음
최근의 행정해석과 판례를 중심으로 임금관련 문제를 정리하고 기업에서 관심이 많은 연봉제 및 성과배분제, 비정규직문제, 여성근로자문제 등의 이슈들과 주40시간제 법개정, 퇴직연금제 도입 등 최근의 법 · 시행령 개정사항을 모두 수록한 임금 · 연봉제실무 지침서.
4×6배판 변형 / 544쪽 / 35,000원

변호사 없이 당당히 이길 수 있는 형사소송
김대환 지음
우리 생활과 함께 숨쉬는 형사법 서식을 구체적인 사례와 함께 소개. 내 손으로 간결하고 명확한 고소장 · 항소장 · 상고장 등 형사소송서식을 작성할 수 있다. 형사소송 관련 서식 CD 수록.   신국판 / 304쪽 / 13,000원

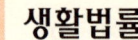

생활법률

부동산 생활법률의 기본지식
대한법률연구회 지음 / 김원중 감수
부동산관련 기초지식과 분쟁해결을 위한 노하우, 테크닉을 제시하고 권두 특집으로 주택건설종합계획과 부동산 관련 정부주요 시책을 소개하였다.   신국판 / 480쪽 / 12,000원

고소장 · 내용증명 생활법률의 기본지식
하태웅 지음
스스로 고소 · 고발장을 작성할 수 있도록 예문과 서식을 함께 소개. 또 민사소송에 대해서도 자세하게 설명.
신국판 / 440쪽 / 12,000원

노동 관련 생활법률의 기본지식
남동희 지음
4만 여 건 이상의 무료 상담을 계속하고 있는 저자의 상담 사례를 통해 문답식으로 풀어나가는 노동 관련 생활법률 해설의 최신 결정판.   신국판 / 528쪽 / 14,000원

외국인 근로자 생활법률의 기본지식
남동희 지음
외국인 연수협력단의 자문위원으로 오랜 시간 실무를 접했던 저자의 경험을 바탕으로 외국인 근로자의 체류자격 및 취업자격 등 법적 문제와 법률적 지위를 상세하게 다루었다.   신국판 / 400쪽 / 12,000원

계약작성 생활법률의 기본지식
이상도 지음
국민생활과 직결된 계약법의 기초를 이루는 핵심 기본지식을 간단명료한 해설 및 관련 계약서 작성 예문과 함께 제시.   신국판 / 560쪽 / 14,500원

지적재산 생활법률의 기본지식
이상도 · 조의제 공저
현대 산업사회에서 중요시되고 있는 특허, 실용신안, 의장, 상표, 저작권, 컴퓨터프로그램저작권 등 지적재산의 모든 것을 체계화하여 한 권으로 요약하였다.
신국판 / 496쪽 / 14,000원

부당노동행위와 부당해고 생활법률의 기본지식
박영수 지음
노사관계 핵심사항인 부당노동행위와 정리해고 · 징계해고를 중심으로 간단 명료한 해설과 더불어 대법원 판례, 노동위원회에 의한 구제절차, 소송절차 및 노동부 업무처리지침을 소개.   신국판 / 432쪽 / 14,000원

주택 · 상가임대차 생활법률의 기본지식
김운용 지음
전세업자들이 보증금 반환소송이나 민사소송, 경매절차까지의 기본적인 흐름을 알 수 있도록 인터넷을 통한 실제 법률 상담을 전격 수록.   신국판 / 480쪽 / 14,000원

하도급거래 생활법률의 기본지식
김진홍 지음
경제적 약자인 하도급업자를 위하여 하도급거래 관련 필수
적인 법률사안들을 쉽게 해설함과 동시에 실무에 필요한
12가지 하도급표준계약서를 소개.
신국판 / 440쪽 / 14,000원

이혼소송과 재산분할 생활법률의 기본지식
박동섭 지음
이혼과 관련하여 해결해야 할 법률문제들을 저자의 실무경
험을 바탕으로 명쾌하게 해설하였다. 아울러 약혼이나 사
실혼파기로 인한 위자료문제도 함께 다루어 가정문제로 고
민하는 사람들에게 길잡이가 되도록 하였다.
신국판 / 460쪽 / 14,000원

부동산등기 생활법률의 기본지식
정상태 지음
등기를 하지 않으면 어떤 위험이 따르고, 등기를 하면 어떤
효력이 생기는가! 등기신청은 어떻게 하며, 필요한 서류는
무엇이고, 등기종류에는 어떤 것들이 있는가 등 부동산등
기 전반에 걸쳐 일반인이 꼭 알아야 할 법률상식을 간추려
간단, 명료하게 해설하였다.   신국판 / 456쪽 / 14,000원

기업경영 생활법률의 기본지식
안동섭 지음
사업을 구상하고 있는 사람이나 현재 경영하고 있는 사람
및 관리실무자에게 필요한 법률을 체계적으로 알려주고 관
련 법률서식과 서식작성 예문도 함께 소개.
신국판 / 466쪽 / 14,000원

교통사고 생활법률의 기본지식
박정무 · 전병찬 공저
교통사고 당사자가 쉽게 응용할 수 있도록 단계별 해결책
을 제시함과 동시에 사고유형별 Q&A를 통하여 상세한 법
률자문 역할을 하였다.   신국판 / 480쪽 / 14,000원

소송서식 생활법률의 기본지식
김대환 지음
일상생활과 밀접한 소송서식을 중심으로 소장작성부터 판
결을 받을 때까지 그 서식작성요령을 서식마다 항목별로
자세하게 설명하였다.   신국판 / 480쪽 / 14,000원

호적 · 가사소송 생활법률의 기본지식
정주수 지음
개명, 성 · 본 창설, 취적절차 및 법원의 허가 및 판결에 의
한 호적정정절차, 친권 · 후견절차, 실종선고 · 부재선고절
차에 상세한 해설과 함께 신고서식 작성요령과 구비할 서
류 및 재판절차에 대하여 자세히 설명.
신국판 / 516쪽 / 14,000원

상속과 세금 생활법률의 기본지식
박동섭 지음
상속재산분할, 상속회복청구, 유류분반환청구, 상속세부과
처분취소 등 상속관련 사건들을 해결하는 데 도움이 되도
록 상속법과 상속세법을 상세하게 함께 수록.
신국판 / 480쪽 / 14,000원

담보 · 보증 생활법률의 기본지식
류창호 지음
살아가다 보면 담보를 제공하거나 보증을 서는 일이 비일
비재하다. 이렇게 담보를 제공하거나 보증을 섰는데 문제
가 생겼을 때의 해결방법을 법조항 설명과 함께 실례를 실
어 알아 본다.   신국판 / 436쪽 / 14,000원

소비자보호 생활법률의 기본지식
김성천 지음
소비자의 권리 실현 보장 관련 법률 및 소비자 파산 문제를
상세한 해설 · 판례와 함께 모두 수록.
신국판 / 504쪽 / 15,000원

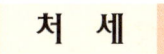

처 세

성공적인 삶을 추구하는 여성들에게 우먼파워
조안 커너 · 모이라 레이너 공저 / 지창영 옮김
사회의 여성을 향한 냉대와 편견의 벽을 깨뜨리고 성공적
인 삶을 이루려는 여성들이 갖추어야 할 자세 및 삶의 이정
표 제시!!   신국판 / 352쪽 / 8,800원

驗 이익이 되는 말 話 손해가 되는 말
우메시마 미요 지음 / 정성호 옮김
직장이나 집안에서 언제나 주고받는 일상의 화제를 모아
실음으로써 대화의 참의미를 깨닫고 비즈니스를 성공적으
로 이끌기 위한 대화술을 키우는 방법 제시!!
신국판 / 304쪽 / 9,000원

성공하는 사람들의 화술테크닉
민영욱 지음
개인간의 사적인 대화에서부터 대중을 위한 공적인 강연에
이르기까지 어떻게 말하고 어떻게 스피치를 할 것인가에
관한 지침서.   신국판 / 320쪽 / 9,500원

부자들의 생활습관 가난한 사람들의 생활습관
다케우치 야스오 지음 / 홍영의 옮김
경제학의 발상을 기본으로 하여 사람들이 살아가면서 생활
에서 생각해 볼 수 있는 이익을 보는 생활습관과 손해를 보
는 생활습관을 수록, 독자 자신에게 맞는 생활습관의 기본
전략을 설계할 수 있도록 제시.
신국판 / 320쪽 / 9,800원

코끼리 귀를 당긴 원숭이-히딩크식 창의력을 배우자
강충인 지음
코끼리와 원숭이의 우화를 히딩크의 창조적 경영기법과 리
더십에 대비하여 자기혁신, 기업혁신을 꾀하는 창의력 개
발법을 제시.   신국판 / 208쪽 / 8,500원

성공하려면 유머와 위트로 무장하라

민영욱 지음

21세기에 들어 새로운 추세를 형성하고 있는 말 잘하기. 이러한 추세에 맞추어 현재 스피치 강사로 활약하고 있는 저자가 말을 잘하는 방법과 유머와 위트를 만들고 즐기는 방법을 제시한다. 신국판 / 292쪽 / 9,500원

등소평의 오뚝이전략

조창남 편저

중국 역사상 정치·경제·학문 등의 분야에서 최고 위치에 오른 리더들의 인재활용, 상황 극복법 등 처세 전략·전술을 통해 이 시대의 성공인으로 자리매김하는 해법 제시. 신국판 / 304쪽 / 9,500원

노무현 화술과 화법을 통한 이미지 변화

이현정 지음

현재 불교방송에서 활동하고 있는 이현정 아나운서의 화술 길라잡이서. 노무현 대통령의 독특한 화술과 화법을 통해 리더로서, 성공인으로서 갖추어야 할 화술 화법을 배우는 화술 실용서. 신국판 / 320쪽 / 10,000원

성공하는 사람들의 토론의 법칙

민영욱 지음

다양한 사람들의 다양한 욕구를 하나로 응집시키는 수단으로 등장하고 있는 토론에 관해 간단하고 쉽게 제시한 토론 길라잡이서. 신국판 / 280쪽 / 9,500원

사람은 칭찬을 먹고산다

민영욱 지음

말 한마디에 천냥 빚을 갚는다는 속담이 있다. 현대에서 성공하는 사람으로 남기 위해서는 남을 칭찬할 줄도 알아야 한다. 성공하는 사람이 되기 위해서 알아야 할 칭찬 스피치의 기법, 특징 등을 실생활에 적용해 설명해놓은 성공처세 지침서. 신국판 / 268쪽 / 9,500원

명 상

명상으로 얻는 깨달음

달라이 라마 지음 / 지창영 옮김

티베트의 정신적 지도자이자 실질적 지도자인 달라이 라마의 수많은 가르침 가운데 현대인에게 필요해지고 있는 인내에 대한 이야기. 국판 / 320쪽 / 9,000원

어 학

2진법 영어

이상도 지음

2진법 영어의 비결을 통해서 기존 영어학습 방법의 단점을 말끔히 해소시켜 주는 최초로 공개되는 고효율 영어학습 방법. 적은 시간을 투자하여 영어의 모든 것을 획기적으로 향상시킬 수 있는 비법을 제시한다.
4×6배판 변형 / 328쪽 / 13,000원

한 방으로 끝내는 영어

고제윤 지음

일상생활에서의 이야기를 바탕으로 하는 영어강의로 영어 문법은 재미없고 지루하다고 생각하는 이 땅의 모든 사람들의 상식을 깨면서 학습 효과를 높이기 위한 공부방법을 제시하는 새로운 영어학습서.
신국판 / 316쪽 / 9,800원

한 방으로 끝내는 영단어

김승엽 지음 / 김수경·카렌다 감수

일상생활에서 우리가 무심코 던지는 영어 한마디가 당신의 영어수준을 드러낸다는 사실을 깨닫게 하는 영어 실용서. 풍부한 예문을 통해 참영어를 배우겠다는 사람, 무역업이나 관광 안내업에 종사하는 사람, 영어권 나라로 이민을 가려는 사람들에게 많은 도움을 줄 것이다.
4×6배판 변형 / 236쪽 / 9,800원

해도해도 안 되던 영어회화 하루에 30분씩 90일이면 끝낸다

Carrot Korea 편집부 지음

온라인과 오프라인을 넘나들면서 영어학습자들의 각광을 받고 있는 린다의 현지 생활 영어 수록. 교과서에서 배울 수 없었던 생생한 실생활 영어를 90일 학습으로 모두 끝낼 수 있다. 4×6배판 변형 / 260쪽 / 15,000원

바로 활용할 수 있는 기초생활영어

김수경 지음

다양한 상황에 대처할 수 있도록 인사나 감정 표현, 전화나 교통, 장소 및 기타 여러 사항에 관한 기초생활영어를 총망라. 신국판 / 240쪽 / 10,000원

바로 활용할 수 있는 비즈니스영어

김수경 지음

해외 출장시, 외국의 바이어 접견시 기본적으로 사용할 수 있는 상황별 센텐스를 수록하여 해외 출장 준비 및 외국 바이어 접견을 완벽하게 끝낼 수 있게 했다.
신국판 / 252쪽 / 10,000원

생존영어55

홍일록 지음

살아 있는 영어를 익힐 수 있는 기회 제공. 반드시 알아야 할 핵심 센텐스를 저자가 미국 현지에서 겪었던 황당한 사건들과 함께 수록, 재미도 느낄 수 있다.
신국판 / 224쪽 / 8,500원

필수 여행영어회화
한현숙 지음
해외로 여행을 갔을 때 원어민에게 바로 통할 수 있는 발음 수록. 자신 있고 당당한 자기 표현으로 즐거운 여행을 할 수 있도록 손안의 가이드 역할을 해줄 것이다.
4×6판 변형 / 328쪽 / 7,000원

스포츠

수열이의 브라질 축구 탐방 **삼바 축구, 그들은 강하다**
이수열 지음
축구에 대한 관심만으로 각 나라의 축구팀, 특히 브라질 축구팀에 애정을 가지고 브라질 축구팀의 전력 및 각 선수들의 장단점을 나름대로 분석하고 연구하여 자신의 의견을 피력하고 있는 축구 길라잡이서.
신국판 / 280쪽 / 8,500원

마라톤, 그 아름다운 도전을 향하여
빌 로저스 · 프리실라 웰치 · 조 헨더슨 공저 / 오인환 감수 / 지창영 옮김
마라톤에 입문하고자 하는 초보 주자들을 위한 마라톤 가이드서. 올바르게 달리는 법, 음식 조절법, 달리기 전 준비 운동, 주자에게 맞는 프로그램 짜기, 부상 예방법을 상세하게 설명하고 있다.   4×6배판 / 320쪽 / 15,000원

레포츠

퍼팅 메커닉
이근택 지음
감각에 의존하는 기존 방식의 퍼팅은 이제 그만!!
저자 특유의 과학적 이론을 신체근육 운동학에 접목시켜 몸의 무리를 최소한으로 덜고 최대한의 정확성과 거리감을 갖게 하는 새로운 퍼팅 메커닉 북.
4×6배판 변형 / 192쪽 / 18,000원

아마골프 가이드
정영호 지음
골프를 처음 시작하는 모든 아마추어 골퍼를 위해 보다 쉽고 빠르게 이해할 수 있도록 내용이 구성된 아마골프 레슨 프로그램서.   4×6배판 변형 / 216쪽 / 12,000원

인라인스케이팅 100%즐기기
임미숙 지음
레저 문화에 새로운 강자로 자리매김하고 있는 인라인 스케이팅을 안전하고 재미있게 즐길 수 있도록 알려주는 인라인 스케이팅 지침서. 각단계별 동작을 한눈에 알아볼 수

있도록 세부 동작별 일러스트 수록.
4×6배판 변형 / 172쪽 / 11,000원

배스낚시 테크닉
이종건 지음
현재 한국배스스쿨에서 강사로 활약하고 있는 아마추어 배스 낚시꾼이 중급 수준의 배스 낚시꾼들이 자신의 실력을 한 단계 업그레이드 시킬 수 있도록 루어의 활용, 응용법 등을 상세하게 해설.   4×6배판 / 440쪽 / 20,000원

나도 디지털 전문가 될 수 있다!!!
이승훈 지음
깜찍한 디자인과 간편하게 휴대할 수 있다는 장점 때문에 새로운 생활필수품으로 자리를 잡아가고 있는 디카 · 디캠을 짧은 시간 안에 쉽게 배울 수 있도록 해놓은 초보자를 위한 디카 · 디캠길라잡이서.   4×6배판 / 320쪽 / 19,200원

스키 100% 즐기기
김동환 지음
스키 인구의 확산 추세에 따라 스키의 기초 이론 및 기본 동작부터 상급의 기술까지 단계별 동작을 전문가의 동작사진을 곁들여 내용 구성.   4×6배판 변형 / 184쪽 / 12,000원

태권도 총론
하웅의 지음
우리의 국기 태권도에 관한 실용 이론서. 지도자가 알아야 할 사항, 태권도장 운영이론, 응급처치법 및 태권도 경기규칙 등 필수 내용만 수록.   4×6배판 / 288쪽 / 15,000원

건강하고 아름다운 동양란 기르기
난마을 지음
동양란 재배의 첫걸음부터 전시회 출품까지 동양란의 모든 것 수록. 동양란의 구조 · 특징 · 종류 · 감상법, 꽃대 관리 · 꽃 피우기 · 발색 요령 등 건강하고 아름다운 동양란 만들기로 구성.   4×6배판 변형 / 184쪽 / 12,000원

연봉 10억 만들기

2004년 1월 10일 제1판 1쇄 발행

지은이/김농주
펴낸이/강선희
펴낸곳/가림출판사

등록/1992. 10. 6. 제4-191호
주소/서울시 광진구 구의동 57-71 부원빌딩 4층
대표전화/458-6451   팩스/458-6450
홈페이지 http://www.galim.co.kr
e-mail galim@galim.co.kr

값 10,000원

ISBN 89-7895-156-2 13320